한국을 사랑한 선교사들

MISSIONARIES WHO LOVED KOREA

OMF 한국 필드 역사 기록(1969~2004)

한국을 사랑한 선교사들

OMF 한국 필드 역사 기록(1969~2004)

1판 1쇄	2015년 6월 30일
엮음	로뎀북스
주요 참여 저자	김성환, 도문갑, OMF 한국 필드 선교사들
발행인	최태희
디자인	김석범

발행처	로뎀북스
등록	2012년 6월 13일 (제 3331-2012-000007호)
주소	부산시 남구 황령대로 319가길 190-6, 101-2102
팩스	051-467-8984
이메일	rodembooks@naver.com
ISBN	978-89-98012-22-9 03230

「이 도서의 국립중앙도서관 출판시도서목록(CIP)은 서지정보유통지원시스템
홈페이지(http://seoji.nl.go.kr)와 국가자료공동목록시스템(http://www.nl.go.kr/kolisnet)에서
이용하실 수 있습니다. (CIP제어번호: CIP2015015960)」

한국을 사랑한 선교사들

MISSIONARIES
WHO LOVED KOREA

OMF 한국 필드 역사 기록(1969~2004)

RODEM BOOKS omf

한국을 사랑한 선교사들
MISSIONARIES
WHO LOVED KOREA

OMF 한국필드 역사기록(1969~2004)

목차 Contents

서문

　내가 처음 닥터 피터 패티슨을 만난 것은 1985년 홍콩에서 의사로 봉사하고 있을 때였다. 당시 나는 신이 나서 홍콩의 기독 의사, 간호사를 위한 제1차 홍콩 의료 선교 대회를 열려고 준비를 하고 있었다. 닥터 피터 패티슨은 그 대회의 주 강사였고, 나는 그분과 함께 방을 쓰는 특권을 누렸다. 그때 처음으로 조용한 아침의 나라 한국에 있는 그분의 교회를 위해서 하나님께서 하고 계시는 일에 대해서 알게 되었다. 닥터 패티슨은 한국의 다른 OMF 선교사들처럼 겸손하고 온유하였다. 한국 교회가 강하고 깊이 있게 성장하는 것을 위해서라면 무엇이든 하려고 하던 그의 열정과 사랑에 나는 깊은 감명을 받았다.

　무엇보다도 이 책은 교회의 성장에 하나님의 말씀이 얼마나 중요한지를 생각하게 해 준다. CIM의 내키지 않던 탈출 이후 OMF 사역이 시작되었을 때, 과연 생동하고 있는 한국 교회에 선교사가 필요한가 하는 질문을 했을 때, 그 대답은 '아니다'에서 '아직 아니다'가 되었다가 특별한 초대를 받고서 '그렇다'로 달라졌다. 한국 교회의 지도자들은 하나님의 말씀이 교회의 삶을 채우기를 소원하였다. '성경 말씀을 통한 개혁과 부흥'이 초기 OMF 한국 필드 선교사들이 중점적으로 가지고 있던 확신 이었다. 한국성서유니온이 1972년도에 발족되었는데, OMF 선교사들 은 적극적으로 그 활동에 개입하였다. 데니스 레인, 로저 시니어, 윌리 블랙, 워렌 비티, 그 외 다른 OMF 선교사들도 강해 설교와 성경 훈련에 열심이었다. OMF 선교사들은 성경 말씀을 개인의 삶에 적용하는 것과 제자 훈련으로 한국 교회에 기여하였다.

두 번째로, 이 책은 우정에 관한 이야기이다. 하나님께서는 김진경 박사가 브리스톨의 신학생일 때 존 월리스, 닥터 피터 패티슨과 같은 장 래 OMF 선교사들과 친구가 되게 해 주셨다. 그 브리스톨에서 한국을 위 한 기도회가 시작되었다. 오랫동안 한국 OMF의 이사장이었던 김인수 박사는 동아시아 사람들에게 선교하기 위해서 한국 교회를 동원하는 일 에 OMF 국제 본부 리더들에게 경건한 상담을 해 주었다. 양용의 교수와 OMF 선교사 리지 오어는 강원도의 마을 전도, 대학생 사역, 산지의 미 전도 지역에서 함께 교회 개척을 하였다. OMF 선교사들은 한국의 형제 자매들과 깊은 우정 관계 속에서 협력 사역을 하였다.

세 번째로, 이 책에는 잘했던 이야기뿐만 아니라 아쉬웠던 이야기도 함께 들어 있다. 김성환 목사는 한국 교회가 세계 선교를 위하여 더욱 나 은 방식으로 OMF의 경험을 충분히 나누어 가졌더라면 좋았으리라는 아 쉬움을 표현하였다. 경험 많은 노련한 선교사들의 지혜를 더 배우고 싶 었던 것이다. 그런 글을 읽으니 우리가 시계 바늘을 다시 이전으로 돌려 서 좀 더 나은 출구 전략을 생각해 볼 수는 없었을까 하는 생각마저 든다.

OMF에서 더욱 강한 헌신의 마음으로 세계 선교를 위해서 부상하고 있던 한국 교회와 선교 지도자들과 그 여정을 함께할 수는 없었을까? 우리 주님을 섬기는 일에서 상호 간에 더 배울 수 있는 기회를 놓친 것은 아니었는지?

한국 교회가 최근 이삼십 년 동안 대단한 성장을 이루어 온 것을 우리는 목도하였다. 하나님께서 행하신 일에 경외심이 생긴다. 한국 교회는 세계 선교의 중심 무대에 서 있다. OMF는 한국 교회가 성장한 것과 한국 선교사들이 헌신적으로 땅끝까지 복음을 전한 것을 기뻐한다. OMF는 우정과 복음의 교제 위에 세워진 한국 교회와의 더욱 가까운 협력 관계를 기대한다. 하나님은 과거에 우리에게 그러한 우정을 주셨는데, 서로 선행을 격려하는 가운데 그 우정이 지속되기를 기도드린다. 우리 주 예수님의 영광을 위하여 그분의 나라가 성장해 가도록….

패트릭 펑 | OMF 국제 본부 총재

감사의 말

　국제 OMF가 150주년을 맞이하고 또한 하나님의 인도하심으로 시작된 한국 OMF가 35주년을 맞이하여 굵은 한 매듭을 짓는 의미 있는 시점에서 「한국을 사랑한 선교사들」책이 발간되는 것을 큰 기쁨으로 생각합니다. 이 책은 OMF 선교사로 한국 필드에 와서 살며 주님과 한국 교회를 섬겼던 이들에 대한 이야기입니다.

　제가 보고 겪은 이 분들의 삶과 사역은 참으로 아름다웠습니다. 한국인을 사랑하고 한국문화를 존중하며 실천하려고 애쓰던 모습들, 성육신적인 삶과 단순한 삶에 모범을 보이셨던 점, 작은 일에도 충실하며 최선을 다하여 준비하던 모습들, '하이고 참' 같은 우리가 들어도 함께 웃을 수밖에 없었던 한국말의 구사력, 벽에 걸린 달력 속에 빽빽한 스케줄 속에서도 하루는 부부만을 위해 하얗게 비워놓던 삶의 여백의 모습들, 뿐만 아니라 큐티 운동과 강해 설교 세미나 등 뛰어난 영적인 전문성으로 한국교회의 성도들과 목회자들의 성장과 성숙을 도왔던 점 등이 떠오릅니다.

　여러 선교단체와의 협력사역에 좋은 예를 남겼고, 이 분들의 삶과 사역을 보며 선교사로 헌신하거나 앞으로 사역자로 나아갈 길에 모범을 삼는 이들이 일어났습니다. 이 분들은 무엇보다도 하나님과 내적인 친밀한 관계를 유지하는 일을 최우선으로 삼고 믿음과 행함에 일치를 보여주셨습니다. 필드 사역의 끝 무렵에는, 한 나라에서 광범위하게 인정받던 그 긴 섬김의 역사가 아니었다면 결코 빛을 보지 못했을, 특별한 전문인 사역의 모델을 소개하였습니다.

금번에 선한 뜻을 품고 귀한 일을 시작해 주신 분들과 자료를 모으고 정리해 주신 분들, 책이 나오기까지 다양한 수고해 주신 분들 위에 주님의 격려가 넘치길 기도드리며, 책을 읽는 분들의 마음이 환해지고, 입가에 미소가 지어지는 시간이 되길 바랍니다.

김승호 선교사 | 한국 OMF 대표

들어가는 말

    지금 돌아보면 캠퍼스의 복음 전도도 활발하고 신실한 헌신자도 많이 일어나던 1970년대, 한국에 갓 도착한 OMF 선교사 한 분을 소개받아 그분의 첫 성경 공부 그룹이 되었다. 그분이 사시던 곳은 연희동의 10평 정도 되는 아파트였는데, 연탄으로 난방을 하고 있었다.

    그분과 성경 말씀을 배우며 함께 시간을 보내기도 하면서 우리는 성경에서 읽던 것을 그의 삶에서 보았다. 즉 예수 그리스도의 인격, 성육신, 겸손, 섬김의 모델을 볼 수 있었다. 하나님의 사랑이 얼마나 온유하며 사려 깊은 것인지를 배웠고, 그 사랑은 함께 있는 것이며 함께하는 것임도 알게 되었다. 아무도 보는 이 없어도 철저하게 자기 관리, 자기 훈련을 하며, 아무도 말하지 않아도 세심하게 자기와 관계된 사람들을 돌보았다. 그 삶 자체가 제자 훈련이었다. 자신의 삶의 수준을 최저로 하면서 도움이 필요한 사람, 가난한 사람을 도왔다.

    그 후 10여 년 이상 계속 들어오는 다른 OMF 외국인 선교사들을 만나면서, 그것이 그 선교사 개인의 기질이기도 하지만 또한 OMF라는 선교 단체 안에 공통적으로 흐르는 자질임을 알게 되었다. 1970년대,

1980년대의 한국은 영국이나 호주에서 오는 선교사가 편히 살 수 있는 환경이 아니었다. 그러나 OMF 어느 선교사에게서도 그것에 대해 불평하는 말을 들은 적이 없었다. 언제나 우리 문화의 좋은 점을 얘기하며 격려하였다. 대부분 연탄을 때거나 아니면 주택 이층 셋방에서 추위에 웅크리고 살면서도 하나님의 복음을 위해서 사는 것이 기쁘고 행복해 보였다.

좋은 전통을 이어 우리 가운데 살면서 그 시기에 필요했던 하나님의 일을 감당해 주신 선교사님들의 이야기를 이 세대가 지나기 전에 남겨 놓으려고 한다. 그분들은 한국 교회가 예수 그리스도를 닮은 모습으로 말씀의 반석 위에 든든히 서게 하는 일에 힘을 다하여 수고해 주셨다.

이 글은 처음으로 하는 작은 시도이다. 이것을 시초로 누군가 더욱 완전한 기록을 정리할 수 있다면 보람이 있겠다.

CTH

내용의 참고자료는
대부분 코리아 컬스 필드 뉴스레터,
선교사들의 편지, 《동아시아 기도》,
그리고 두란노의 《빛과 소금》이다.
각주와 원본은 한국 OMF 사무실에 보관되어 있다.
도문갑 초대 총무께서도
소중한 부분을 수정, 보완해 주셨다.

CHAPTER 1

한국 속의 OMF 역사

MISSIONARIES
WHO LOVED KOREA

1 | 한국 OMF의 시작

　현재 한국의 OMF에는 동남아시아로 선교사를 파송하는 조직만 있다. 처음부터 그런 것은 아니었다. 초기에 외국인이 한국인을 대상으로 하던 선교 사역이, 이제 그들은 전부 떠나고 한국 본부와 이사회 중심으로 한국에서 동아시아에 선교사를 파송하고 있다. 이제 한국에 OMF를 설립하게 된 동기부터 살펴보자.

1. 한국에 OMF 선교사가 필요했는가?

　CIM은 중국 공산화 이후 중국을 탈출하고 나서, 중국인이 많이 살고 있는 동남아시아를 중심으로 사역을 계속하기로 잠정적인 결정을 내렸다. 그리고 한국을 선교 대상 지역에 넣을 것인가 아닌가 하는 문제를 논의하였다. 그러나 한국에는 이미 교회가 활발하게 성장하고 있었고, 복음 전도와 교회 설립을 해 왔던 단체의 기본 방향과도 다르기 때문에 파송 대상 지역에서 제외되었다.

　실제로 한국 교회에 대한 세계 교회의 인식은 매우 긍정적이었다. 그도 그럴 것이 1884년 중국에서 선교 활동을 하던 의사 알렌(Allen)이 한국으로 파송받아 온 이후로 언더우드와 아펜젤라를 필두로 하여 해방 전까지만 하여도 1,000여 명의 선교사가 한국에서 활동하고 있었던 것이다. 또한 한국은 선교에서 성공한 나라로 인정받고 있었다. 실제로 선교가 시작되고 불과 16년이 지났을 뿐인 1910년에 스코틀랜드 에든버러 대학교 건물을 빌려 당시 최대 규모의 선교 대회로 치러진 에든버러 선교 대회(Edinburgh Missionary Conference, 1910)에서 한국 선교가 주요한 모범적인 의제로 등장할 정도였다. 실제로 대회를 준비할 때만 하여도 한국은 존재 자체도 없을 정도로 제외된 국가였지만, 1907년에 일어난 대 부흥운동은 1903년 영국 웨일스 지방의 대부흥운동과 함께 초미의 관심사였다. 이로 인하여 한국인 황실 가족인 윤치호가 미국 감리교단의 명의로 특별 초청되어 선교사 회의에서 두 번이나 발표할 수 있는 기회를 갖기도 하였다. 이러한 영향으로 많은 선교 단체들이 한국에 선교사를 파송하였고, 이들의 수고의 결과로 한국 선교는 좋은 결과를 얻고 있었다.

그러므로 CIM/OMF는 한국에 선교사를 파송하지 않기로 하였다. 하지만 그 후 6년이 지난 어느 날, 다시 한국에 선교사를 파송할 것인가에 대한 논의를 하게 된 배경에는 영미에 유학하던 학생들[후에 서울신학대학교 교수가 된 김진경(James Kim), 총신대학교 총장을 지낸 목사 김의환(John Kim)]이 있었다.

1960년 당시에 김진경은 영국 브리스톨(Bristol)에 있는 클리프턴신학대학(Clifton Theological College) 학생이었다. 그는 만나는 사람들에게 한국을 위하여 기도해 달라고 말하였고, 그들은 한국을 위한 기도모임을 시작하였다. 이 기도는 1970년 한국에 온 OMF 선교사 닉 딘이 클리프턴 신학대학에 입학했을 때에도 지속되고 있었다. 딘 선교사의 장인 되시는 목사님은 동양의 유학생들을 자주 초대하여 섬겼는데, 김진경도 그 유학생 중 하나였다. 믿음 때문에 집에서 나오게 된 옥스퍼드 의대생 피터 패티슨(Peter Pattisson)도 그곳에서 김진경을 만나 한국에 관심을 갖게 되었다.

김의환은 미국 칼빈신학교와 웨스트민스터신학교 및 템플대학교에서 교회사를 전공하고, OMF를 통하여 일본 선교사로 가려고 하였다. 김의환은 싱가포르에서 OMF 선교사 훈련 과정을 마치고 1966년에 미국 동료들과 함께 일본 대사관에 선교사 비자를 신청하였다. 하지만 돌아온 대답은 '불가'였다. 이것은 김의환에게 일본이 한국을 36년간이나 지배하였는데 일본이 피지배 국민인 한국인으로부터 무엇을 배울 수 있겠는가 하는 태도로 보였다. 그래서 그는 이듬해인 1967년에 한국의 고려신학교 교회사 교수로 부임하였다가 다시 총회신학교로 임지를 옮겨 교회사를 가르쳤는데, 신학생들이 선교에 대해 열의를 갖도록 강의하였다고 한다.

그러므로 김의환은 OMF에 대하여 정통하게 알고 있었으므로 한국에 OMF에서 훈련받은 선교사의 도움이 필요하다고 여긴 것 같다.

이에 비하여 김진경은 어떤 생각을 가지고 있었을까? 필자는 1969년 부산에 있는 기독 고등학생들과 김진경 교수의 대담에 참여할 수 있는 기회를 얻게되었다. 이때에 그는 학생 사역에 관여하고 있었고, 젊은 학생들이 비전을 가져야 한다고 강의하였다. OMF와 연관을 맺는 것으로 할 일의 한계를 정한 것이 아니라 한국과 세계에 복음이 널리 퍼지는 것을 원했던 분임을 알 수 있었다. 그러므로 그 역사와 선교 자원 면에서 모범적인 국제 선교부가 한국에 들어오는 것이 필요하다고 여겼을 것 같다.

OMF가 왜 한국에 선교사를 파송하기로 결정하였는가 하는 점은 확실히 알 수가 없다. 한국인이 요청하였기 때문이라는 것이 일차적인 이유이지만 그것만으로 선교사를 파송하지는 않았을 것이다. 1966년에 김의환의 요청으로 한국에 온 OMF의 지도자인 아놀드 리와 그리피스가 한국을 본 후, 한국에 선교사를 파송하기 위하여 다음과 같이 말하였다고 패티슨은 말한다.

"그들은 경험 많은 지도자가 이끄는 팀만 찾을 수 있다면, 한국 교회와 협력하여 일할 수 있도록 OMF 선교사를 협력 선교사(secondment)로 보내는 것이 좋겠다는 의견을 내놓았다."

한국에는 교회를 개척하는 선교사가 필요한 것이 아니었다. 이미 교회가 많았기 때문에 CIM/OMF는 처음에 한국에 선교사를 보내는 것을 망설였다. 그러나 지원자가 있었기 때문에 경험 많은 리더가 이끄는 팀이 있다면 파송하는 것이 좋겠다고 했던 것이다.

OMF 본부에서 한국에 선교사를 파송하기로 한 것은 한국 교회가 장성한 분량으로 채워져야 할 부분에서 협력하기 위함이었다. 한국 교회가 아름답게 발전하여 세계를 위한 하나님의 일을 감당하게 갖추어지는 길에 동반자로서 섬길 부분이 있다고 보았음에 틀림없다. 비록 이것은 지금까지 CIM/OMF가 선교사를 미개척 지역에만 보낸다는 대원칙과 다른 것이었지만….

OMF의 선교 정신에는 그러한 협력이 아주 중요한 것으로 자리 잡고 있다.

2. OMF의 선교 정신

지금까지 한국 OMF가 생기게 된 과정을 살펴보았다. 김진경과 김의환은 OMF의 장점을 잘 알고 있었기 때문에 OMF가 한국에 와서 선교해 주기를 바랐을 것이다. 그 이유는 무엇일까? 한국에는 이미 많은 교회도 있고 선교사도 있었다. 정확하게 알 수는 없지만 OMF 선교사가 가면 교회가 본받아야 하는 정신을 잘 배울 수 있을 것이라고 판단하지 않았을까? 여기에서 OMF의 선교 정신을 살피는 것은 매우 유익한 정보가 될 것이다.

1) 동역(Team Ministry)의 정신

일반적으로 동역이라고 하면 당연히 같은 기관원들끼리 서로 협력하여 활동하는 것을 의미한다. OMF는 이에서 한 걸음 더 나아가 선교지의 교회와의 관계에서도 동역의 원리를 적용한다. OMF 선교사들은 언제나 지역 교회가 주체가 되는 것을 선호한다. 그래서 선교지에 가면 그 지역 교회가 무엇을 필요로 하는지를 먼저 살핀다.

패티슨 부부(Peter and Audrey Pattisson)가 한국 선교사로 지망했을 때, 팀 단위로 파송한다는 OMF의 원칙 때문에 그들은 곧바로 뜻을 이룰 수 없었다. 그래서 그들은 우선 다른 단체인 아동 구제 기금(Save the Children Fund)을 통하여 한국에 들어왔고, 1969년에 다섯 명의 팀이 이루어졌을 때 OMF는 OMF 선교사를 동역할 수 있는 팀으로서 한국으로 파송한 것이었다. 나머지 선교사는 스코틀랜드 출신 독신 여성 마거릿 로버트슨(Margaret Robertson), 영국인 부부 존(John)과 캐슬린 월리스(Kathleen Wallis)이었다.

교회와의 관계도 마찬가지였다. CIM/OMF의 본래 사역 방향은 선교사들이 거의 들어가지 않는 오지나 내지에 들어가 교회를 개척하고 자생하게 하는 것이다. 이것은 허드슨 테일러의 기본적인 선교 정신이었다. 그러나 한국에서는 교회를 세우지 않고 기존 교회와 협력하여 기존 교회에 보탬이 되도록 할 것을 기본 방향으로 하였다.

대표적으로 양용의 목사가 강릉에 내려가 시골 목회를 하게 되자 오어(Orr) 선교사 부부는 양용의 목사의 목회를 도와 교회가 안정되도록 최선을 한 예가 있다. 오어 부부가 무조건 양용의 목사의 목회를 돕고자 강릉으로 내려간 것은 아니다. 양용의 목사의 초청이 있어야 하고, 이를 근거하여 한국 OMF에서 허락을 해야 갈 수 있다. 선교사 개인이 일방적으로 사역 지역을 정하고 가서 단독으로 사역하지 않는다.

OMF 한국 필드 책임자였던 패티슨도 처음에 마산시(지금은 창원시) 가포에 있는 국립 마산 병원에서 국가 협정을 따라 결핵과 의사로 사역하였다. 이러한 환경 속에서도 성경 공부반을 인도하였지만 독자적이 아니라, 가포 국립 마산 병원 인근에 있는 대한예수교 장로회 가포교회를 도와서 사역을 하였다.

루이스 부부의 경우, 이들은 고신교단에서 정식 초청을 받았고, 사역지는 대구로 결정되어 있었다. 이들은 쉔스턴 사범대학 출신이었지만 초청자가 요청한 대로 문서사역을 중심으로 사역하였다. 이러한 예는 선교사 개인의 재능에 의존하지 않고 팀을 통하여 현지에서 필요로 하는 것을 위해 노력하는 것이 선교에 더 효율적임을 보여 주는 것이었다. 이렇듯 협동과 교회와의 하나 됨의 원리는 선교에서 팀을 이루게 하고 잡음 없이 복음을 효과 있게 증거하게 하는 아름다운 모습이다.

그러므로 이들에게서 자연스럽게 볼 수 있는 또 한 가지 특징은 그들이 언제나 한국의 지역 교회에 적을 두고 활동하였다는 것이다. 이것은 한국 교회를 통솔하거나 가르치려고 하는 것이 아니라 그들의 사역을 통하여 한국 교회가 더 발전하고 안정되기를 바랐기 때문이었다. 블랙 부부의 경우도 1982년에 와서 한국어 공부를 한 다음 부산 광안중앙교회에 출석하면서 강해 설교, 소그룹 성경 공부 등을 인도하였고, 다른 선교사들도 모두 어디를 가든지 그 지역의 교회에 소속되어 사역하였다.

2) 성경 공부 중심

한국 교회가 급성장할 수 있었던 것은 1884년 이후로 한국에 온 미국 선교사들, 특히 장로교 선교사들이 선교의 방법으로 네비우스(John

Nevius)의 이론, 즉 성경 공부를 받아들인 덕분이었다. 당시 한국 교회는 일제의 통치를 받고 있는 시대로서 독립을 갈망하며 성경 공부에 열심을 가하고 있었다. 그러나 교회가 어느 정도 안정을 이루자 성경 공부보다는 부흥회 중심으로 바뀌었고, 그 결과 한국 교회에는 성경 공부가 집단화내지 주일예배 시작 전에 전체적으로 행하는 것이 되었다. 주일 오전 예배시작 전 30분간은 일반적으로 웨스트민스트 소요리문답을 가르쳤다.

이에 비하여 OMF의 성경 묵상 운동은 개인이 성경을 읽고 하나님과 교제하며 삶에 적용하는 것을 원칙으로 하고 있다. 이러한 방법은 한국에 대학생 성경 읽기 단체 등 일부 외에는 교회에 소개되지 않은 상태였다. 그러므로 한국에 온 OMF 선교사들은 이 부분을 집중적으로 한국교회에 소개하기로 결정 하였고, 이를 위하여 소그룹으로 모여 활동하기시작하였다. 이들이 사용한 도구는 성서유니온(Scripture Union)의방법이었다. 이것을 한국 교회에 소개하면서, 이를 위하여 성경 공부 캠프들을 운영하였다. 성경 공부 캠프는 성서유니온이 매년 중점적으로 행하는 것으로, 어린이를 위한 성경캠프, 청소년과 중·장년들을 위한 성경 캠프를 여름이나 겨울 방학 동안에 열어서 성경을 가르칠 뿐만 아니라성경과 더욱 가깝게 하는 운동이다.

뿐만 아니라 한국 교회에 성경을 새롭게 보게 하는 운동, 곧 성경 강해 설교까지 보급하였다. 한국에 왔던 OMF 선교사들은 매년 열렸던 데니스 레인 세미나의 후속 모임으로 대부분 이 일에 관여하였다. 특히 부산·경남 지방을 중심으로는 윌리엄 블랙 선교사의 활약이 컸다.

3) 선교사 개인의 역량을 통한 선교

CIM/OMF의 선교 방식은 목사 중심이 아니다. 허드슨 테일러가 중국 내지 전도를 위하여 선교사를 모집하였을 때 그가 내세웠던 자격은 '기꺼이 헌신하는 유능한 사람들'이었다. 목사나 전도사 같은 전문 목회 사역자가 아닌 철공(鐵工)부부, 석공, 목공, 옷감 무역상 등 다양한 직업의 평신도 자원자가 선교사로 지원하여 사역하였다. 첫 번째 선발된 선교사 16명 중에서 전문 목회 사역자는 제인 맥린(Jane McLean)뿐이었다. 한국도 마찬가지였다.

그럼에도 불구하고 이들은 모두 성경을 능숙하게 가르치고 성경 공부모임을 인도할 수 있었다. 이 사실은 평신도 선교사에 대한 한국 교회의 이해를 생각하게 한다. 한국에 온 총 42명 선교사 중 안수를 받은 성직자는 절반도 되지 않았다. 하는 일은 달랐어도 이들은 어느 곳에 가든지 성경을 가르칠 수 있는 능력이 있었다. 이것은 OMF와 SU가 항상 함께 일할 수 있었던 이유이기도 하다.

이처럼 OMF는 목사 중심의 선교를 하지 않았고, 외부 조건보다는 내부 역량으로 지도자를 세웠다.

4) 반드시 선교지 언어를 할 것

OMF 선교사들은 모두 반드시 두 가지 과정을 거쳐야 했다. 우선 싱가포르 OMF 본부의 오리엔테이션에서 OMF 정신을 배워야 했으며, 그 후 이 과정을 마치고 선교 현장으로 가면 사역에 뛰어들기 전에 첫 임기 4년을 대부분 현지 언어를 배우는 것에 투자해야 하였다. 한국의 경우는 서울에 있는 명도원, 연세대 한국어학당 등에서 한국어를 2년간 배우게 하였고, 그 후에도 지속적으로 한국인에게 발음 교정, 설교 작성, 스피치 연습, 신문 사설 읽기 등을 개인 지도 받았다. 2년마다 어학 실력 진보를 테스트하는 시험도 있었으며 다른 때는 지나칠 정도로 검소하게 살아도 언어 공부에는 비용을 아끼지 않았다. 그러므로 한국 교회에서 사역을 시작할 때쯤에는 한국인처럼 유창하지는 않아도 의사소통과 가르치는 데는 지장이 없을 정도였다. 물론 한국어로 편지를 쓰거나 자기 의사를 발표할 수 있는 실력도 있었다.

루이스 부부의 경우, 1974년에 한국에 와서 2년간 한국어를 배웠다. 그의 언어 능력은 탁월하여 현재 OMF 기관지인 《동아시아 기도》를 만드는 데 공헌하였고, 나아가 개혁주의신앙협회가 미국의 정통장로교단(OPC)과 미국장로교단(PCA)과 협력하여 한국어로 개혁주의 입장들의 책을 발간하는 데 큰 역할을 하였다. 그가 이같이 할 수 있었던 것은 집에서조차 한국어를 사용하려고 노력한 덕분이었다.

처음 배를 타고 중국으로 가던 신임 선교사들은 배에서 내렸을 때 사용할 수 있을 정도로 배 안에서 중국어를 공부해야 하였다. 언어가 매우 중요하기 때문에 허드슨 테일러 자신이 중국어에 능통한 것은 두말할 것 없고 모든 이들이 중국어에 능통하게 구사할 수 있도록 애를 쓴 것이었다. 그러므로 테일러에 대하여 연구한 다니엘 베이컨(Daniel W. Bacon)은 1983년에 글을 쓰면서 CIM의 주요 정책 중 세 번째가 "중국인과 똑같이 중국 옷을 입고 변발을 하며 중국식 가옥에서 예배를 드린다."라고 밝혔는데, 여기에 더 첨가한다면 중국어를 모국어처럼 사용할 수 있어야 한다는 말까지 들어가야 더 옳을 것이다.

3. 한국에서 협력한 단체들

1800년대 말과 1900년대 초에 한국에서 활동한 선교사들은 주로 미국과 호주 출신이었다. 그중에서도 언더우드와 아펜젤러를 필두로 하여 미국계 선교사들이 많이 왔는데, 그들은 각자 자신들의 교단에서 파송되었지만 교파와 관계없이 협조하였다. 그들은 사역을 할 때 거의 초창기부터 중요한 결정에 한국인 지도자들을 참여시킬 정도였다.

그런데 일본의 점령이 시작되면서 선교사들은 각자의 교단을 유지하는 것이 일본의 기독교 말살 의도를 어렵게 할 것이라고 판단하였다. 그 결과, 미국의 각 교단, 즉 남장로교단, 북장로교단, 남감리교단, 북감리교단 등이 한국에서도 유지되었다.

OMF는 CIM의 이름으로 중국에서 사역할 때와 마찬가지로 초교파 단체를 표방하던 그대로 교단을 만들지 않고 이미 존재하는 단체들과 협력하여 한국 교회를 돕고자 하였다.

1) 성서유니온 (SU)

성서유니온은 역사가 깊은 단체이다. 1867년 영국에서 어린아이들에게 성경을 좀 더 재미있고도 의미 있게 가르치기 위하여 조시아 스파이어스(Josia Spiers)가 시작하였다. 이 모임은 발전하여 이듬해인 1868년에는 해변가에서 휴가차 와서 노는 아이들을 대상으로 복음을 전하였다. 이것은 또한 어린이 전도의 시작이 되었다. 그 후 12년이 지난 어느 날, 영국 북부의 애니 마스턴(Annie Marston)이라는 주일학교 여교사가 아이들이 성경을 잘 읽을 수 있게 하려고 성경읽기표를 만들어 주고 읽어 오게 한 후 서로 토론하고 질문하는 시간을 가졌다.

특히 그녀는 성경 읽기표를 런던에 있는 성서유니온에서 제작해 주기를 요청하였다. 처음에는 어려워했으나 그녀의 끈질긴 요청에 의하여 성경읽기 카드가 제작되었으며, 그 반응은 놀라왔다. 그 결과, 성경 읽기표를 통한 성경 읽기가 정착이 되었다.

성경 묵상의 시작은 1894년 당시 유럽 전역에 퍼진 다윈의 진화론과

합리주의 등에 의하여 성경 역사 비평이라는 학문이 발달하게 되었고, 그 결과로 성경을 인위적으로 해석하는 자유주의가 지배하게 되는 사회 상황과 무관하지 않다. 이에 1894년 당시 성서유니온의 대표였던 톰 비숍(Tom Bishop)은 성경이 하나님의 말씀임을 분명하게 선언함으로써 성경의 권위를 수호하였다.

OMF 선교사들은 개인적으로 성경을 읽고 묵상하는 이러한 운동이 한국 교회에 필요하다고 인식하였다. 이에 1970년에 마산에서 사역하고 있던 패티슨은 1972년에 성서유니온 한국 지부 설립에 동아시아 지구 총무 챈(David Chan)을 초청하였다. 이 당시 조직된 한국성서유니온 이사회의 초대 이사장은 존 윌리스였고 윤종하는 총무로 임명되었으며 김진경, 홍치모 등이 이사로 참여하였다. 윤종하는 총무가 된 이후, 성경 묵상을 어떻게 할 것인가 하는 것을 주제로 한 강좌를 개설하거나 강의하였고, 1973년 1월부터 곧 성서유니온의 상징으로 인식되는《매일성경》묵상집을 발간하여 오늘에 이르고 있다.

OMF는 처음 한국에 와서 한국 교회를 위하여 할 일의 1순위를 성경을 개인적으로 묵상하고 연구하는 것으로 정하고 성서유니온과 연합하여 사역하였는데, 한국성서유니온이 한국 교회를 섬기면서 교회의 동반자 역할에서 벗어나지 않도록 격려하고 지원하는 역할을 계속 담당하였다.

2) 한국기독학생회(IVF: Inter-Varsity Christian Fellowship)

IVF는 1953년에 조직되었고, 한국은 1956년도에 캐나다 대회에서 정식 회원국으로 받아들여졌다. 이 운동은 전국의 대학생들을 위한 모임을 갖거나, 학생 지도자들을 위한 수련회를 갖는 등 캠퍼스 내에서 복음을 전하는 일에 힘쓰는 단체이다. 1966년경에는 의료 선교를 위한 모임

1980년도 SU 직원 수련회 | 패티슨, 윌리스, 블랙, 닉, 모어 등 OMF 선교사들이 보인다.

(Medical Fellowship)을 만들었다.

1966년 아다 룸(Ada Lum) 선교사는 영어 성경 공부를 시작하였다. 룸 선교사는 IVF 간사로 활동하면서 존 스토트(John Stott)와 케직 사경회(Keswick Convention)를 한국 기독 청년들에게 소개하였고, 특히 기독교인들의 사회에 대한 책임을 강조하였다.

IVF가 사회 책임에 대하여 강한 의지가 있는 단체이기는 하지만 기본적인 신앙 노선이 같으므로 OMF는 IVF가 필요로 할 때 동역하였다. 특히 IVF와 처음 동역을 한 OMF 선교사는 호주 출신의 대프니 로버츠(D. Roberts)이다. 그는 한국어를 2년 배운 다음 해인 1978년도에 IVF 졸업생 모임(Graduate's Christian Fellowship)에서 한국 IVF와 연관을 맺게 되었고 IVF 간사 모임에 참석하게 되었다. 당시 참석한 간사들은 송인규(총무), 고직한 등이었는데, 그들은 로버츠 선교사에게 영어 성경을 가르쳐 주기를 원하였다. 그 결과로 로버츠는 1978년부터 서울대학교에서 영어 성경 공부 모임을 인도하거나 명도원 한국어 교사들을 중심으로 영어 성경을 가르치게 되었다.

IVF와 OMF가 서로 협력한 것은 로버츠로 끝나지 않았다. IVF와 연대하는 것이 한국 교회에 좋은 힘이 된다고 판단한 한국 OMF 지도자는 미국 출신의 오어 선교사가 한국에 오자 한국 IVF와 연관을 맺어 대학생들을 위한 사역을 하기를 주선하였다. 이에 오어 부부는 강릉으로 내려가 양용의 목사의 목회를 도우며 IVF 소속 대학생들에게 성경을 가르치는 사역을 담당하였다. 일본에서 온 이시다 선교사도 IVF를 포함한 대학생 선교 단체들을 도와 사역하였다.

이같이 IVF와 협력한 선교사로는 오어, 이시다 외에도 하우징거가 있다. 이들은 네덜란드에서 1983년에 한국에 왔으며, 1983~1987년, 1988~1992년, 1994년부터 1998년까지 안식년을 제외하고 한국에서 사역을 할 동안에 OMF 소속 선교사로서 IVF와 사역하였다.

이같이 OMF는 한국에 있는 모든 선교 단체나 교회 등이 필요로 한다면 언제든지 함께 하는 특성을 보여 주고 있다. 특별히 사역의 방향이나 파트너에 대하여 규제하지 않고 있음을 볼 수 있다.

이 외에도 기독 의사회, 간호사회, 그 외, 교단 선교회 등과 협력했지만, 여기에서는 이 정도로 마무리하고 앞으로의 보충 연구 과제로 남겨 두려고 한다.

CHAPTER 2

한국 교회를 위한
OMF 한국 필드의 노력

MISSIONARIES
WHO LOVED KOREA

제1기: 첫 10년(1969~1979년)

　　제1기를 1979년까지로 한정한 것은, 제1기에 해당되는 선교사들은 안식년을 갖게 되고 이들을 뒤이어 제2기로 활동할 선교사들이 입국하여 준비하는 시기였기 때문이었다. OMF 한국 필드를 시작했던 패터슨 가족은 1977년 안식년을 갖게 되었고, 1975년 호주 출신 대프니 로버츠(Daphne Roberts)와 영국 출신의 닉과 캐서린 딘 부부(Nic and

Kathryne Deane)가 한국에 도착하여 새로운 활력을 불어넣었는데, 이들이 정식으로 활약하게 되는 것은 2년간의 어학 공부가 끝나는 1977년이었다. 또한 1980년부터 공식적으로 '한국 OMF와 본부 이사회(Home Council)'가 발족되었다. 이때부터 한국 OMF는 본격적으로 선교사들을 OMF의 네트워크를 통해 해외로 파송하게 된다. 이러한 준비는 모두 제2기 선교사들의 몫이다. 그러므로 1979년까지를 제1기로 보았다.

1 | 1960년대와 1970년대의 한국의 상황

1960년대 당시 한국의 교회는 지금보다는 존경을 받고 있었으나 국민의 경제적인 삶은 가난에서 허덕이고 있었다. 박정희 장군이 대통령이 된 후, 한일기본조약을 통하여 일본의 자본을 끌어와 비로소 중공업을 일으키려고 한 시대였다. 1964년 한국의 1인당 GNP는 103달러에 불과해서 원조를 받고 있었으며, 한국의 교역 규모는 전 세계에서 90위였다. 제1차 경제개발 정책으로 이제 겨우 경제가 꿈틀거리던 시대를 거쳐, OMF 선교사들이 들어오던 시기는 제2차 경제개발(1967~1971년)의 초기로 고속도로가 건설되고 있었다. 그러므로 당시에는 아스팔트로 된 도로가 많지 않았다. 이러한 일을 하기 위해서는 엄청난 자금이 필요하였으므로, 박정희 대통령은 독일로부터 자금을 차관해 올 때, 국가 신용도가 낮아 독일에 광부와 간호사를 보내고 그들이 받는 월급을 담보로 하였다. 그렇게 빌려온 돈으로 고속도로를 만들고 자동차 산업을 일으키던 시대였다.

그런가 하면 박정희 정권이 한일기본조약을 맺게 되자 자존심과 배상액의 문제로 각처에서 반대하는 시위가 일어났고, 1965년에는 미국의 전쟁에 한국민이 개입할 이유가 없다고 하며, 한국군의 월남 파병에 대한 반대운동이 각 대학에서 일어나던 시기였다. 곧 이 시기는 이념과 현실과 이상의 사이에서 자리를 잡고자 하는 역동기였다.

한국 교회의 상황 역시 좋지 않았다. 일제 강점기와 육이오 동란을 거치면서 신사참배 문제와 공산권에 동조한 세력의 처리 문제로 교회가 시끄러운 상황이었다. 여기에 1959년 장로교단이 고신 측, 합동 측과 통합 측으로 분열되거나 다시 합해지는 과정에서 잡음이 나던 시기였다. 1955

년 총 4,018개 교회에 1,000,482명 성도였던 한국 교회는 15년이 지난 1969년, 곧 한국 OMF가 시작한 해에는 12,987개 교회와 3,211,614명의 성도로 성장하고 있었다. 이같이 부흥을 할 수 있었던 것은 각 교단들이 열정적으로 전도대를 조직하여 조직적으로 전도한 것과 빌리 그래함 초청 대전도집회(1952년 및 1956년)에 힘을 쏟은 것의 결과였고, 이에 힘을 더하여 외진 지역을 마다하지 않고 방방곡곡을 다니며 복음을 전한 부흥사들의 노력의 결과였다. 지금 한국 교회의 성도는 1,000만 명이 넘는다고 한다. 하지만 1955년 당시에는 100만 명 정도의 성도가 있었으므로, 한국에도 역시 많은 전도자가 필요한 시대였음이 분명하다.

또한 1960년대부터 1970년대 당시 목회자가 된다는 것은 가난하게 살아가는 것이 필연적이었다. 필자의 경우, 1972년도에 총신대학교 신학대학원 기숙사에서 점심 식사를 할 수 있는 기회가 있었다. 이때 밥 그릇 속 밥의 절반은 보리쌀이었으며, 된장국에는 콩나물이 2, 3가닥 들어 있었다. 그럼에도 불구하고 당시 총 60여 개의 신학교가 전국에 있었으며, 그곳에서 매년 9,000여 명의 사역자들이 배출되고 있었다.

경제 계획에 따라 발전하고 있기는 했지만 한국은 경제적으로 어려웠고, 목회자들의 생활은 더욱더 어려웠다. 하지만 1970년대 한국의 기독교는 도약의 발판을 준비하고 있었다. 곧 세 번의 대부흥운동의 부흥기를 거쳐서 한국 교회의 색깔이 변화하는 시대였다. 350만 명이었던 한국 교회는 1973년 빌리 그래함을 초청하여 여의도에서 대부흥집회를 가졌고, 1974년에는 CCC(Campus Crusade for Christ, 한국대학생선교회) 대표 김준곤 목사가 중심이 되어 또 다른 형태의 대형 집회를 여의도에서 가졌다. 주 강사는 빌 브라이트(Bill Bright)였지만 대회기간 중에 여러 유형으로 그룹을 만들고 각 그룹마다 지도자들을 두어 성경을 가르치는 운동을 일으키고 해외 선교를 강조하던 새로운 형태의 대회였다. 이 두 대회를 통하여 25만 명이 결신하였다. 이는 당시 한국 전체 교인의 1/10이나 되는 수치였다. 이러한 운동에 대하여 《조선일보》 사설은 다음과 같이 일갈(一喝)하였다.

신자, 비신자를 가릴 것 없이 그토록 많은 사람들이 열기 띤 집회를 이룩하였다는 것은 우리 국민, 우리 민중이 무엇인가를 목마르게 갈구하는 것이 있다는 것이다. 그것은 빵도 아니고 사회적인 지위도 아니며 인간이 사는 데 있어서 보다 귀중한 가치 있는 그 무엇일 것이다.

이러한 결실은 1977년 민족복음화 부흥성회를 또다시 개최하게 하는 힘이 되었다. 마치 1907년 대부흥운동의 불씨가 꺼져 가게 되자 이 불씨를 되살리고자 1910년 100만 구령운동을 새롭게 시작한 것과 같은 현상이었다.

이 같은 대부흥운동을 준비하는 시기인 1970년 한 해 전에 패티슨을 팀장으로 하는 다섯 명의 OMF 선교사들이 한국에 도착한 것이었다. 이들은 한국 교회와 어떻게 동역을 해야 할지를 사실상 결정을 하지 않은 상태였다. 하지만 이들의 첫 번째 사역이 잘 선택되고 정착함으로써 한국 교회가 일층 도약하는 데 큰 힘이 되었다.

1. 제1차 선교사 팀 도착
1) 패티슨 부부의 입국
OMF 본부는 한국 교회를 위하여 처음부터 팀 사역을 원하였다. 그러므로 비록 한국에 선교사를 파송하지만 다섯 명이 한 조가 된 팀이 이루어질 때까지 잠정적으로 기다리기로 하였다. 그 사이에 한국에 오기로 한 패티슨은 영국의 아동 구제 기금(Save the Chidlren Fund)재단과 연결되어 결핵 퇴치 프로그램에 따라 마산시 가포에 위치한 국립 마산 병원의 의사로 1966년 성탄절 바로 전 주간에 한국에 도착하였다.

그러나 그가 정식적으로 OMF 한국 필드 선교사로서 활동을 시작한 것은 다시 나머지 세 명의 선교사와 1969년에 입국한 이후였다. 그는 자신이 한국 선교사로서 소명을 받았다고 확신하게 된 것에 대하여 다음과 같이 고백하였다.

세 가지 단계가 있었다고 생각합니다. 먼저, [첫 번째 단계] 하나님께서는 제 모든 삶을 온전히 드려 하나님께 항복하게 하셨습니다. [두 번째 단계] 그리고 제가 아직 케임브리지 학생이었을 때, 그분은 제게 해외에 나가 선교하기를 원하셨습니다. 어느 날 오후, 긴 산책 중에 자리를 잡고 앉아 제가 해외로 나갈 경우와 그렇지 않을 경우의 장단점을 수첩에 적어 내려갔는데, 해외로 나갈 이유는 점점 더 길어지고, 그러지 말아야 할 이유는 매우 적은 것이었습니다. [세 번째 단계] 그리고 1년 후인 1961년 어느 주일 밤 기도를 하는데, 하나님께서 제가 한국으로 가서 봉사하

첫 OMF 한국 필드 팀

길 원하신다는 것을 매우 분명하게 깨닫게 해 주셨습니다.

2) 나머지 세 명 선교사와 함께 한국 도착

이미 OMF를 지원했던 패티슨 부부가 한국에서 사역을 하고 있음에
도 불구하고 그것은 OMF 한국 필드의 시작이 아니었다. 실제로 세 명이
더해져서 다섯 명의 팀이 1969년 8월 20일 한국에 도착하였을 때에 비
로소 한국 필드가 시작되었다.

패티슨 선교사 부부와 더불어 OMF 한국 필드를 시작한 세 사람은 월
리스 부부(John and Kathleen Wallis)와 스코틀랜드 출신인 마거릿
로버트슨(Margaret Robertson) 양이었다.

존 월리스 부부가 한국 OMF 선교사로 지망하게 된 것은 존이 옥스
퍼드에서 역사와 신학을 전공한 후 1966년 브리스톨(Bristol)에 있는
클리프턴 신학교(Clifton Theological Seminary & College)에서
복음 사역자의 훈련을 받고 있을 때였다. 이때에 이곳으로 공부하러 온
김진경과 서로 알게 되었다. 1968년에 이들은 한국으로 하나님이 인도
하신다는 확신을 가지게 되자 OMF에 지원하였고, 그 결과 싱가포르에
서 3개월 동안 OMF 신임 선교사 오리엔테이션을 받게 되었다.

이와는 별도로 아직 결혼하지 않은 젊은 마거릿 로버트슨은 선교의
경험은 없었지만, 하나님께서 그를 택하여 한국 선교사로 보내었다.

2. 한국 선교 방향 결정

한국에 최초로 온 패티슨 중심의 선교단은 한국 선교에 중요한 역할
을 하였다. 잘 아는 대로 CIM/OMF는 원칙적으로 교회가 없는 지역,
특히 오지에 교회를 개척하여 복음을 전하는 것을 목적으로 하는 단체이

다. 하지만 한국에서는 그렇게 할 필요가 없었기에 우선적으로 동남아시아 선교 대상 지역에서 제외되었던 것이다. 그래서 한국에서 그들은 한국 교회에 도움에 될 일을 찾아야 했기 때문에 CIM/OMF 정체성 문제로 고민하였다고 하였다.

첫 OMF 팀은 서울에서 어학 공부를 하면서 한국 상황에서 어떤 역할을 해야 마땅한지를 고심하였다. 교회는 힘차게 부흥하고 있었고, 대규모로 모이고 있었다. 대부분 미국 교단 선교부에서 온 선교사들의 영향을 받고 있었다. 나는 한국 기독교인들에게 기도와 전도, 헌신과 베푸는 것에 대하여 많이 배웠다.

이들은 OMF의 원칙대로 처음 2년간 한국에서 사역을 먼저 하지 않고 한국어를 공부하였다. 그동안 한국에서 사역할 방향을 찾을 수 있었다. 패티슨은 2년간 한국 교회를 관찰한 결과, 한국 교회의 영적인 상태에 대하여 깊이 우려하게 되었다. 즉 성경 말씀이 중심이 되지 않은 교회로 보였다. 그래서 다음과 같이 말하였다.

교회의 모든 성장과 영적 활동에, 개인생활뿐만 아니라 공동체 전체의 교회 생활에서 성경 말씀이 제외된 것 같았습니다.

세실리 모어도 이렇게 말하였다.

부산에서 교회도 정해서 다녔는데, 처음에는 대학생 사역을 하다가 나중에는 고등학생 그룹과 여성 그룹도 맡게 되었다. 내가 처음 한국에 도착하였을 때는 소그룹 모임이 거의 없었다.

그러므로 그는 팀과 함께 한국 교회를 도와야 할 부분이 성경을 교회에 찾아 주는 것이라고 보았다. 또다시 패티슨의 글을 보자.

2년이 지나서야 [선교]팀은 문제점을 발견하고 표어(slogan)를 정하게 되었다. 우리가 발견한 것은 '성서유니온이 행하는 방법으로 한국 교회의 신앙과 삶 사이의 거리를 채워줄 수 있다.'라는 것이었다. 어린이를 위한 교육과 학교의 교육 및 젊은이들의 사역 및 개인 성경 공부 면이 비교적 약하였다. [그러므로] 표어를 '성경 말씀을 통한 개혁과 부흥(Reformation and Revival through a return to the Scripture)'으로 정하였다.

첫 팀원들은 모두 성서유니온을 잘 알고 있었다. 그래서 한국 교회를 돕는 방법 중에서 SU의 성경 읽기와 묵상 운동이 최선의 것이라는 것에 모두 동의하였다. 그 결과 한국 OMF는 실제적으로 한국에 성서유니온

초기 OMF선교사들이 가지고 다니며 보급하던 성경 공부 및 성경 묵상 서적들

을 태동시켰을 뿐 아니라 계속해서 동역하게 되었다.

3. 계속된 선교사들의 입국과 사역 방향의 다양화

1) 1969~1973년에 입국한 선교사들

다섯 명의 첫 선교사 팀에 뒤이어 온 선교사는 블레이크 부부 (Norman and Mavis Blake)이다. 남편은 호주인이고 아내는 미국인

OMF 한국 필드 팀 ｜ 1974년(위), 1976년(아래)

이었으며, 제주도에 설립되어 있는 극동방송국(FEBC)을 돕는 사역을 위해서 왔다. 그들의 주요 임무는 제주 극동방송국의 송출기를 유지·관리하는 일이었다. OMF 본부는 한국에 대하여 특별한 선교 정책을 가지고 있지 않았던 것으로 보인다. 기본적으로 그냥 때에 따라서 한국 교회에 필요한 내용을 보충하거나 협력하였다.

2) 1974~1979년에 입국한 선교사들

세실리 모어(Cecily Moar)와 루이스 부부(John and Chris Lewis)는 1974년 8월에 함께 한국에 입국하였다. 그들은 OMF의 규칙을 따라 2년간 서울에서 한국어를 공부하였고, 그 후 부산과 대구로 활동지를 각각 배정받았다.

세실리 모어는 부산에서 성서유니온의 간사로 활동하고 있던 권춘자 간사와 한집에서 살았다. 교회는 부산 삼일교회에 출석하며 대학부 협동 선교사로 활동하였다. 점차 중고등부와 여전도회 같은 부서들을 지도하며 활동 영역을 넓혀 갔다. 또한 권춘자 간사와 함께 성서유니온의 일-《매일성경》 보급과 여름 캠프-을 도왔고, YWCA, 복음병원 간호대학, 그리고 선교사들이 세운 이사벨 중고등학교 등에서 성경을 가르쳤다. 뿐만 아니라, 고신대학교에서 영어 회화도 가르쳤고, 1990년부터 1996년까지 고신대학교 교육부 협력 선교사로 활동하면서 교재 만드는 일을 돕고 강의도 하였다. 어린이 교육을 위한 교재도 만들어서 한국 교회에 배포하였고, 느헤미야서 공부 교재를 인쇄하여 복음과 함께 리더십을 가르쳤다. 그럼에도 그가 가장 즐겨 했던 일은 날마다 성경을 읽고 묵상하는 것을 돕는 소그룹 사역이었다.

고신대학교 교육부 교재 편찬 참여

　뿐만 아니라 세실리 모어는 한국 OMF의 언어 고문이 되어 선교사들의 언어 도우미도 구해 주고 정기적으로 각 가정을 방문하여 다섯 등급으로 매겨지는 언어 습득 평가도 하였다. 또한 선교사들이 새로 들어오면 전셋집을 구해 주는 것을 비롯하여 초기에 잘 정착할 수 있도록 여러모로 도와주었다. OMF의 특징이 무엇이냐고 물었을 때, 세실리 모어는 마지막의 F가 Fellowship에 더 나아가 Family라고 말한 적이 있었다. 정말로 OMF 한국 필드 선교사들은 한 가족처럼 같이 지냈다. 누가 입원하면 가족의 일원으로 먼 곳에서 와서 곁에서 간호하였고, 여름 휴가도 대천 휴양소 등에서 여러 가족이 함께 보낸 적이 많았다. 가족과 같이 친밀했던 그 중심에 세실리 모어가 있었음을 대부분 인정한다.

　세실리 모어는 건강상의 문제로 1996년도에 호주로 귀국하였다. 그는 한국을 지극히 사랑하였으므로 다시 한국으로 오고자 하였지만, 어렵게 되자 호주 OMF의 기도 동원 사역을 감당하면서 호주에 있는 한인교회의 영어 예배를 도왔고 젊은이들의 헌신을 격려했으며, 시드니 한인

수지에 있는 사무실 | 세실리 모어 송별회

교회 목회자 사모 성경 공부를 계속 인도하였다. 현재 은퇴하여 브리즈
번의 한 은퇴자 마을에서 살고 있는데, 아직도 그곳의 한국인들에게 정
신적, 실제적인 도움을 주고 있다.

1974년에 함께 온 존과 크리스 루이스(John and Chris Lewis)는
영국 출신으로 서울에서 2년간 한국어를 배우고 나머지 2년은 대구에 있
었다. 고신 교단이 초대해서 왔기 때문에 그들은 주로 그쪽에서 일했다.
1978년 안식년으로 귀국하여 집안 사정으로 돌아오지 않았다. 그들은
문서 사역을 하면서 한국 성도들에게 타 문화 선교를 생각해 보고 기도하
도록 하는 자료들을 만들어 〈아시아 기도〉라는 이름으로 보급했는데, 그
것이 현재 회보인《동아시아 기도》의 원조였다.

한편, 그들은 학교나 교회에서 한국어로 강의하고 설교도 했으며,
《매일성경》을 보급하며 사람들이 스스로 성경을 읽고 삶에 적용하도록
권하고 가르쳤다. 또한 수련회나 교회의 학생 성경 공부 그룹을 인도하
였다.

세 번째 입국했던 대프니 로버츠(Daphne Roberts)는 호주 출신으로 1975년에 왔다. 그는 이미 OMF 소속 선교사로서 말레이시아와 싱가포르에서 활동을 한 경력자였다. 그 역시 1977년까지 2년 동안 서울에서 한국어를 공부한 후에 영어 성경 공부, 여름 수련회 등으로 한국 IVF를 도왔다. 당시의 간사는 송인규, 총무는 고직한이었다. 그는 서울대학교와 연세대학교에서는 학생들에게, 명도원에서는 한국인 및 외국인 교사들에게 영영어 성경을 가르쳤다. 성서유니온과 IVF에서 사역하였지만 1979년에 IVF 간사로 함께 일해 달라는 요청을 받았다. 그래서 1979년 9월에 가정의 일로 일시 귀국하였다가 1980년 9월에 다시 한국으로 돌아왔을 때, 로버츠는 OMF를 그만두고 IVF 전임으로 사역하였다.

네 번째로 닉과 캐서린 딘 부부(Nick and Kathryn Deane)가 1975년 9월에 한국에 도착하였다. 영국 출신 딘 부부는 역시 한국어 공부를 위하여 2년간 서울에서 머물렀으며, 언어 훈련을 마친 후에 부산으로 사역지를 배정받았다. 그는 사역의 원칙을 따라 대청동 장로교회에서 청장년층을 담당했으며, 성서유니온의 사역을 한국 교회에 소개하는 일을 감당하였다. 특별히 그는 데니스 레인의 강해 설교 세미나 후속으로 성경 강해 강좌를 열었다. 이러한 사역이 광주에서도 필요하다고 하여 1985년에는 광주로 사역지를 옮겼고, 그곳에서는 교회 사역뿐만 아니라 신학교 사역도 함께 하였다. 1989년 2월에 귀국하였다.

다섯 번째로 입국한 선교사는 영국 출신의 파이 부부(Terry and Gay Pye)이며, 두 명의 자녀(엘리자베스, 스티븐)와 함께 1976년 도착하였다. 그들은 서울에서 한국어를 배운 후 마산으로 내려가 살았다. 테리는 1982년 11월 한국 필드 대표가 되어 서울 본부(장미 아파트)로 이사를 와서 충현교회, 소그룹 성경 공부, 아동 사역, 선교 훈련 등을 하다가 1990년 3월 한국을 떠났다. 그는 한국에서 티머시를 낳아 떠날 때는 자녀가 세 명이 되었다.

4. 제1기 선교사 팀의 사역 특징

제1기 선교사들은 한국에서 선교 사역을 위한 방향을 설정하는 일에 치중하였다. 우선적으로, 그들의 주 목표는 개인적으로 성경을 읽고 스스로 깨닫게 하는 것이었다. 두 번째로 이러한 방향을 위해 일차적으로

1977년 컨퍼런스 당시 일본 주재 한국을 포함한 지역 책임자였던 앨런 미첼과

성서유니온과 대학생선교회(IVF)와 동역을 하였다. 세 번째로 서울을 중심으로 하지 않고 지방으로 흩어져 선교를 하고자 하였다. 하지만 점차 대학과 관련되면서 서울로 기우는 경향을 보였다. 결국 각각의 선교사의 개성과 능력에 따라 대학에서 강의하거나 아니면 교회에서 성경을 한국어나 영어를 사용하여 성서유니온의 방법으로 가르치는 것이 대부분이었

다. 다음은 세실리 모어가 쓴 글이다.

 내가 그리스도인으로서 개인적으로 성장하는 데 가장 도움이 되었던 것 두 가지가 있다면, 그것은 바로 경건의 시간과 개인 성경 공부였다고 생각된다. 요즘 많은 한국의 젊은이들이 매일 경건의 시간을 갖고 스스로 성경 공부를 시작하면서 우리 주 예수 그리스도에 대한 사랑과 지식을 키우고 있음을 볼 때 큰 기쁨이 아닐 수 없다. 경건의 시간과 개인성경 공부의 차이가 무엇이냐고 물어볼 사람이 있을 줄 안다. 이 둘 사이에는 중복되는 부분이 아주 많다. 모두가 성경 공부와 기도를 포함하고 있기 때문이다. 그렇지만 간단히 말해서 경건의 시간은 매일 하나님과 교제하는 시간을 말하며, 개인 성경 공부는 특별한 성경 공부와 연구를 하는 것이라고 생각하면 가장 무난할 것이다.

 OMF 선교 기관의 우수성을 알고 한국에 선교사를 파송해 달라고 요청한 이들이 보다 구체적인 필요를 제시해 주어 한국 교계 전체에 영향을 주는 계기를 마련하였더라면 더 좋았을 것이라는 아쉬움이 있기는 하다. 그렇지만, 어떻든 제1기 선교사들이 공헌한 바는, OMF를 잘 몰랐던 한국의 교계에 OMF가 겸손과 헌신, 바른 성경적 삶으로 신뢰할 수 있는 선교 기관이라는 인정을 받게 한 것이었다.

퇴원한 환자의 상태를 살펴보기 위한 가정 방문

장애인 자활을 돕기 위해 시도하던 사역

제2기:성숙 및 발전기(1980~1989년)

제2기는 한국 OMF가 체계를 세우는 시기이다. 이전 시기가 방향을 결정하였던 기간이라면, 이제는 좀 더 조직적으로 한국 교회를 위하여 이미 결정한 방향을 시행할 수 있는 환경이 조성되었다. 이 시기까지 한국 OMF에는 한국인이 책임자로 일할 수 있는 공간이나 조직이 없었다. 하지만 이제 한국 OMF 이사회를 조직하게 되었고, 이 조직 속에 한국인이 포함되기 시작하였다. 이 이사회는 한국에서 해외로 선교사를 파송하는 역할을 담당하게 된다.

당시 한국 OMF, 성경번역선교회(GBT: Global Bible Translation) 및 한국선교 훈련원(GMTC)은 이태웅, 옥한음, 홍정길, 이동원, 하용조 등의 목회자들이 겸하여 이사회를 구성하고 있었다. 이 세 기관은 1987년에 인력과 자원을 효율적으로 운영하고 공신력을 갖춘 사단법인 등록을 위해서 한국 해외 선교회(Global Mission Fellowship)라는 한 법인체로 통합하면

멜빌 지토와 이태웅 부부

서 동시에 한 우산 아래에서 각 기관의 사역을 지속하기로 하였다.

1 | 1980년대 한국 및 한국 교회의 상황

제1기 팀은 한국 교회가 수적에서나 질적인 면에서 급성장하는 모습을 실제로 보면서 사역을 하였다. 이에 비하여 제2기 팀은 한국 교회가 수적으로 성장하는 모습과 함께 경제적으로나 정치적으로 안정되어 가는 모습을 보면서 사역하였다.

이 시기에 한국 교회는 박정희 대통령의 장기집권이 끝나고 정치적으로 불안정한 시기를 통과하고 있었다. 신군부 세력들이 정치를 하는 시기로서, 서구 선교사들에게는 매우 어색하고 불안정한 정치 구도 속에 있었다. 뿐만 아니라 사회적으로는 반미 사상이 부산 미문화원 방화사건(1982년)으로 표출되었고, 아웅산 사건(1983년)으로 당시 국무위원들이 순직하였으며, 민주화가 점차 가시화되는 시기였다. 민주화가 이루어지는 과정에는 대학생들의 끊임없는 시위와 함께 1986년에 있었던 아시아 경기 대회가 한몫을 담당하였다. 1987년에는 6·29 민주화 선언이 있었고, 1988년에는 올림픽 경기가 한국에서 개최되었다.

또한 경제적인 급성장으로 한국 교회도 경제적으로 부유해지기 시작하였다. 이로 인하여 배금사상(拜金思想)이 조금씩 파고들고 있었다. 나아가 조용기 목사를 중심으로 한 오순절교회가 급성장을 이루며 한국 교회의 교파적인 판도를 바꾸고 있었다. 이러한 시기에 또다시 한국 교회는 1980년에 세계복음화대성회를 개최하였고, 1984년에는 한국기독교 100주년 선교대회를 여의도 민족 광장에서 가졌으며, 1988년에는 88 세계복음화대성회를 열었다.

그러나 이러한 집회는 1970년대의 집회와는 다른 모습을 보여 주었다. 곧 여의도 광장에 100만 명이 운집하는 일은 어제 일어나지 않았고, 헌금도 대회를 유지하기 어려울 만큼 적었다. 하지만 몇 차례의 집회와 여의도 순복음교회를 중심으로 한 오순절교단의 활동으로 교세는 1000만 명을 넘나들게 되었다.

1980년 세계복음화대성회를 계기로 1970년대의 성경 공부 운동이 발전되어 세미나 중심의 운동이 시작되었다. 이를 뒷받침한 것이 1981년 하용조 목사가 시작한 두란노서원이다. 두란노서원은 후일에 OMF 선교사 팀이 중요시한 성경 강해 운동과 성경 묵상 운동을 또 다른 방법으로 전국에 확산시키는 계기를 만드는 역할을 하였다.

2 | 제2기 선교사들의 입국과 기존 선교사들의 활동

제2기 팀은 제1기 팀과는 다른 활동을 보여 주었다. 그들은 더욱 적극적으로 한국 교계의 선교 사역에 참여하였다. 1차적으로 제1기와는 달리 수적으로 많은 선교사들이 한국에 들어와 활동하였다. 이 기간에 총 16명의 선교사가 도착하였다. 주로 영국계가 주축이며, 네덜란드와 미국, 캐나다 출신 선교사도 있었다. 《동아시아 기도》의 기록을 보면, 총 38명이 활동하면 목적한 바를 이룰 수 있을 것이라고 판단하여 선교사들이 더 많이 한국으로 올 수 있도록 기도를 요청하고 있었다.

지금까지의 선교사들은 서울 중심으로 활동하기보다는 비교적 환경이 서울만 못하지만 지역의 중심적인 역할을 하는 지방 대도시 중심으로 사역을 하고 있었다. 이는 아마도 패티슨이 먼저 마산을 중심으로 활동한 것이 계기가 된 것으로 판단된다. 실제로 OMF 선교사들은 서울보다는 마산, 부산, 대구, 광주, 강릉 등을 중심으로 평균 한 지역당 3~4명이 활동을 하였다. 이 수로는 더 많은 지역에 효과적으로 대처하기 어려웠을 것이다. 그러므로 38명이면 한 지역당 3명씩만 되어도 제주도 극동 방송국까지 다 합쳐 12지역을 담당할 수 있었다. 이미 하고 있는 6개 지역으로는 전국에 영향을 주기에 미흡하여 지역 확대를 꾀하였을 것이다.

필드 지도자들은 전체적인 필드 계획을 염두에 두면서 각 선교사들과 의논하여 사역 배치를 하였다. 각 선교사들은 그것에 더하여 자신이 지닌 은사를 따라서 사역을 하였다. 선교 사역은 선교사 개인의 은사나 역량에 크게 좌우되었다. 이는 장점이 되기도 하지만, 아직 한국을 제대로 이해하지 못한 상태에서는 자신들의 사역이 중복적이 되거나 아니면 새로운 일을 추진하기 힘들다는 단점이 될 수도 있었다.

이 기간에 나타난 성과들을 보자.

1. 강해 설교 세미나의 시작 – 성경 중심의 사고와 삶을 강조

당시 한국 교회의 설교 형태는 주제 설교가 주를 이루고 있었다. 그러므로 성경 본문만 읽고 나면 본문 속에서 설교하고자 하는 제목을 잡고, 설교자가 성경 전체에서 설교하려는 내용을 추출하여 제1대지, 제2대지, 제3대지 등과 같이 나누어 설교하는 것이 대부분이었다. 이러한 시대에 성경의 내용을 중심으로 설교하는 것은 획기적인 방법이었다. 이 운동에 당시 OMF 본부의 파송국 관리(Home Ministry) 책임자였던 데니스 레인(Denis Lane)이 대단히 큰 역할을 하였다.

1) 데니스 레인의 방한과 역할

한국 OMF가 결정한 선교 방향 중에 가장 근본적인 것은 성경을 바로 읽고 이해하고 실천하는 것이었다. 이러한 성경 공부 운동이 10년간 지속되었지만, 각 지역에서 활동하는 선교사 중심으로 각 대학교 성경 공부 모임이나 각 교회에 소개하는 정도였으므로 목회자 중심은 결코 아니었다. 그러므로 목회자들이 이를 못마땅하게 여기면 언제든지 중단될 수 있는 상황이었다. 실제로 성서유니온의《매일성경》운동에 대해서 한 교단의 일부 목사들은 이단으로까지 위험시하여 그러한 성도들을 기존 교회에 수용하지 못한 실례도 있었다.

이러한 가운데 연예인교회를 담임하던 하용조 목사가 건강을 회복하기 위하여 안식을 하던 중에, 목회자를 돕고 평신도를 훈련하며 예수 문화 사역을 할 기관을 세울 것을 작정하고 1980년 봄, 신촌역 주변에 있던 한 빌딩에서 모임을 갖기 시작하였다. 처음에는 신구약 성경 공부를 중심으로 하였다. 그리고 곧이어 두란노서원이 세워졌고, 나아가 1988년 용산 이촌동에 온누리교회가 시작되면서 보다 활발하게 되었다.

데니스 레인을 초청하여 강의하게 된 데에는 하용조 목사 부부의 역할이 크다. 실제적인 접촉은 한국 OMF(Korea Home Council) 설립

데니스 레인과 하용조 목사 부부, OMF선교사들

을 위해 자주 한국을 방문한 레인 목사를 패티슨 선교사가 하용조 목사에게 말씀 강해에 탁월한 분이라고 소개하면서 이루어졌다. 한국 목회자들의 필요를 잘 알고 있었던 하용조 목사는 상당 기간 준비작업을 한 후에 두란노서원의 주요 사역으로 목회자를 위한 강해 설교 세미나를 개설하고 1981년부터 데니스 레인을 초빙하였다. 첫 세미나는 신촌의 두란노서원에서 소규모의 목회자 훈련으로 시작되었지만, 곧이어 전국적인 규모의 강해 설교 세미나로 발전되었다. 초기 2~4회 세미나는 반포의 남서울교회에서 진행되었는데, 낮에는 세미나와 실습, 저녁에는 일반 성도들에게도 공개한 집회가 열렸다. 사흘간 진행된 저녁집회에서 행한 레인 목사의 강해 설교는 목회자와 일반 성도들에게 강해 설교의 진수를 전달하면서 많은 은혜를 끼쳤고 동시에 한국 교계에 큰 충격을 안겨주었다. 그 이후 데니스 레인은 매년 한국에 와서 성경 강해 강좌를 담당하였으며, 이러한 모임은 14년간 지속되었다. 매년 성경 강해 초급반과 중급반

데니스 레인과 OMF선교사들

을 개설하고 5일씩 강의하였으며, 고급반은 형성되지 못하였다. 하지만 이 10여 년 동안에 한국 교회에 성경 강해 운동이 전개되었고 이로 인하여 한국 교회 강단이 한 단계 도약하는 계기를 마련해 주었다. 하용조 목사가 횃불 트리니티 대학원 원장이 되었을 때, 79세인 데니스 레인 목사에게 명예박사 학위를 수여하였다(2009년 10월 22일).

2) 윌리엄 블랙 선교사의 활동

데니스 레인은 두란노서원의 초청을 받아 짧은 일정만 강해 설교를 강의하고 영국으로 돌아갔지만, OMF 선교사들은 각기 살던 지방에서 강해 설교 후속 모임들을 가져 한국에 지속적으로 강해 설교가 뿌리내리는 일을 도왔다.

특히 스코틀랜드 장로교 출신 윌리엄 블랙(William Black) 목사는 1984년부터 1996년 귀국하기까지 부산·경남 일대에서 수많은 소그룹을 대상으로 강해 설교 훈련을 인도하면서 이 운동의 확산에 기여하였다. 한때는 한 주에 열 번까지도 개설하여 한 주에 100여 명의 목회자들을 만나기도 하였다. 이처럼 한국 OMF는 한국 교회에 성경 본문에 비추어 성경을 이해하도록 가르치는 일에 앞장섰고, 그 결과는 매우 긍정적이었다.

이렇게 강해 설교 또는 성경 강해가 활성화된 것은 OMF 선교사들과 그 주변 사람들이 성경 본문을 중심으로 묵상하는 운동을 10여 년간 지속적으로 편 결과이다. 강해 설교는 보통 세 단계를 거친다. 처음에는 본문의 내용을 문맥의 전후좌우로 살펴 정확한 의도를 찾아낸다. 그리고 본문을 바르게 해석한 후에 마지막 단계에서는 이러한 내용을 삶에 적용하는 것이다. 이것은 성서유니온(SU)이 항상 가르치던 내용과 같은 것이었다.

블랙 선교사 | 강해 설교 세미나 및 소그룹으로 목회자들을 도움.

OMF 일본 필드 선교사로 나가기 전,
김승호 현 한국 OMF 대표는 그 기도회에 정기적으로 참석했다. (아래 앞 줄 가운데)

2. 의료인 중심 사역의 활성화

의료인을 중심으로 한 선교회는 먼저 의학부에서 공부하는 학생들을 중심으로 형성되었다. 다음은 한국누가회가 만들어지는 과정에 대하여 한국누가회의 홈페이지에 기록된 내용이다.

1979년 8월 경희대의 몇 기독 의대생, 치대생, 한의대생들이 의대생들만의 기독 모임의 필요를 느끼게 되었고, 이 일을 전국의 의, 치, 한의대 기독학생회 및 의대생들에게 알리기 시작하였다. 기도와 편지의 열매로 모인 69명의 학생들이 1980년 2월 4일부터 8일까지 제1회 CMF 전국 수련회를 가졌고, 배도선(패티슨) 선교사의 누가복음 말씀과 송인규 당시 IVF 총무의 강의로 크게 은혜를 받고 변화되었다. 참석자들은 이 모임이 계속 운동체로서 유지되고 확장되도록 뜻을 모았으며, 이 운동의 이름은 영국의 CMF와 같이 한국 CMF로 명명하게 되었다.

여기서 이름을 CMF(Christian Medical Fellowship Korea)라고 한 것을 보아도 패티슨의 영향이 있었던 것을 알 수 있다. 실제로 패티슨은 한국에 의료 선교회를 세우기 위하여 기도하고 있었다고 한다. 다음은 박상은 원장의 이야기이다.

패티슨은 한국에 의료 선교회가 설립되도록 10년 정도 기도해 오고 있었다고 합니다. 녹십자병원장인 장기려 박사를 중심으로 한 의료 선교회가 있기는 했지만, 이는 지역적인 모임이었죠.

이처럼 패티슨은 국제적인 조직을 가진 의료 선교회를 구상하였고, 이름도 영문으로는 세계에 존재하는 CMF Korea로 하고 국문으로는

'누가회'가 되도록 하였다고 본다. 그렇게 하지 않았다면 아마도 다른 이름이 되었을 것이다. 이렇게 한국누가회가 형성된 것에 대하여 1997년에 이 모임에 동참한 캘빈 마(Calvin Ma)는 OMF의 필드 소식지(*Korea Calls*)에 기독인으로서 의료계에 종사하는 자들을 한데 모아서 활동할 필요성에 대하여 다음과 같이 말하였다.

최근 의료계에 놀랄 만한 발전이 있음에도 불구하고 신체적, 사회적, 감정적 또는 영적 질병을 앓는 사람의 숫자는 줄어들지 않고 있다. 하여 의료 기술이 뛰어난 기독교 의료인들이 그리스도의 사랑으로 충만하여 환자를 돌보는 일이 그 어느 때보다도 필요한 시점이다.

당시 한국에는 의료진이 부족한 상황이었다. 그래서 실제로 하나님께 헌신한다는 것은 쉽지 않았다. 의사가 되는 과정이 힘들기 때문에 6년 이상 에너지를 다 소비하고 나면 지친 상태이므로 자연스럽게 헌신하고자 하는 강도가 줄어든다. 이때에 필요한 것은 비록 하나님께 헌신하고 싶은 마음은 있어도 지쳐 있는 의사들을 격려하여 이들이 새롭게 헌신하게 하도록 돕는 일이었다. 이 일을 한 것이었다.

패티슨이 한국누가회(CMF) 조직을 활성화하면서 이들에게 바란 내용을 캘빈 마의 다음 글을 통하여 역시 살펴볼 수 있다.

믿지 않는 의대생들에게 복음을 전하는 일과 또 장래의 의료 사역에서 어떤 역할을 해야 하는지에 대해서 훈련하는 일에 지혜가 필요하고, 훈련 프로그램을 제공하고 졸업생들이 계속해서 성장할 수 있도록 돌보는 일에도 기도가 필요하다. 그들이 파송과 지원, 자격을 갖추어 나가도록 돕는 역할 등을 이해할 수 있도록 기도를 부탁한다.

그러면서 패티슨은 이 일을 어떻게 감당하는지에 대해서도 말하였다.

내 역할은 의대생과 의사를 선교에 동원하는 데 소그룹으로 함께 모여 선교에 대하여 공부하고 CMF 회원들이 CMF를 통해 파송된 선교사들을 적극적으로 돕도록 격려하는 일이다. 또한 간사들과 학생 리더들을 영적으로 지원하는 지도자 훈련을 하고 있다.

피터와 오드리 패티슨은 1982년 2월 마산에서의 사역을 끝내면서 한국을 떠났다. 그들은 OMF 본부의 요청에 따라 싱가포르와 홍콩에 가서 사역을 하다가 1987년 본국인 영국으로 돌아갔다. 그러나 한국에 대한 그의 애정은 식지 않았다. 패티슨은 SU 40주년기념 인터뷰에서 이렇게 말하였다.

'한국 누가회'는 지금까지 제 마음 깊은 곳에 자리하고 있으며 설립 10주년, 20주년, 25주년에 모두 한국에 가서 강의를 했습니다. 얼마 전까지는 한국누가회와 영국누가회가 속해 있는 국제 크리스천 의료협회(International Christian Medical Association)와 연계하여 사역했습니다.

또한 패티슨은 한국의 CMF 멤버들이 국제적인 환경에서 역할을 하도록 길을 만들어 주었다. 다음은 그에 관한 캘빈 마의 글이다.

하나님께서는 그분의 예정 가운데 2002년 닥터 피터 패티슨을 국제 기독교 의과 치과 협회(ICMDA; International Christian Medical and Dental Association)의 정회원이 되게 하셔서 CMF의 비전을 확장하도록 도우셨다. 패티슨은 당시 ICMDA의 총무였다. 결과적으로, 한국 CMF 멤버들은 세계의 다른 기독교 의료 전문인들과 교류할 수 있는 기회를 갖게 되어 2000년 7월 싱가포르에서 열린 아시아 지역 회의, 2002년, 2006년에 타이완과 시드니에서 열린 ICMDA 세계 대회 등에 참석하였다. 한국 CMF 멤버들은 ICMDA의 국제 실행 이사회에 참여하여 섬기고 있다.

3. 선교교육의 감당

현재는 한국 교회는 선교에 관해서 그 지식이나 실제가 부족하다고 말할 수 없는 수준인 것 같다. 자생적인 선교 단체나 교회들 중에 300명 이상 파송한 곳이 여러 군데 있고 각각 전문 담당자를 두고 있다. 그러나 1970년대와 1980년대에는 결코 그렇지 않았다. 1970년대는 파송된 선교사 수도 극히 적었을 뿐만 아니라 선교 훈련을 감당할 곳이 없어서 선교 지망생들은 지도해 줄 사람들을 찾아다녔다. 그들은 답답했지만 숫자가 적었으므로 한국 교회가 이를 깨달을 만큼 영향을 주지 못하였다. 다음은 OMF의 첫 총무였던 도문갑 목사와의 대담이다.

OMF 선교사들은 한국인의 언어를 배우고 삶의 모든 형태도 한국인과 똑같이 하려고 했습니다. 다른 외국인 선교사 중에는 한국어를 잘하는 선교사가 드물었기 때문에 선교 관심자들은 선교에 대해 배우거나 정보를 얻기 위해 OMF 선교사를 찾아오거나 편지로 질문을 해 왔습니다.

실제로 1970년대에 파송한 선교사는 총 64명 정도뿐이었다. 이는 매년 선교사 파송 수가 한 자리 숫자였다는 의미이다. 이러한 현상은 1980년부터 달라져서 두 자리 숫자로 증가하였다. 1980년에는 24명의 선교사를 파송하였지만 1984년과 1985년에는 무려 63명씩 파송하는 등 매년 급성장하였다. 이같이 선교의 열은 급성장하는 상황이었지만, 한국 교회에는 선교사들이 제대로 훈련받을 수 있는 훈련원이 거의 없는 상태였다. 그러므로 선교 지망생들은 한국에 온 선교사들을 개인적으로 찾아가거나 그들이 인도하는 소그룹에 참여하여 교제를 나누었다. 그것이 즉 선교 훈련과도 같은 것이었다. 이러한 상황에서 한국 OMF 선교사들은 적극적으로 이 문제에 대처하였다. 계속하여 도문갑 목사의 말이다.

한국 교회가 선교사를 파송하는 운동이 일어날 때, OMF는 그 통로가 되려고 했습니다. 당시 풀러 대학원생 박기호, 합동교단 선교사 강승삼 등 초기 선교사들이 선교의 방향과 진로 등에 대해 OMF 선교사인 패티슨의 도움을 받고 싶어 했습니다.

그 결과로 1981년 한국 OMF 이사회가 설립된 이후로 불과 몇 년 만에 초교파 국제 선교 기관이 지니는 여러 가지 높은 장벽에도 불구하고 10명 이상(1986년까지 13명)의 한국인들이 OMF 소속 선교사로 동남아시아로 파송되었다. 그들은 OMF의 매뉴얼을 따라 철저하게 파송 절차를 밟기도 했고 또 영향력이 있는 훌륭한 인재들이기도 했기 때문에 교계에 미치는 영향도 컸다고 할 수 있다.

손영준 박사가 세운 〈선교사 훈련원(Missionary Training Institute)〉 [그는 1983년 1월 미국 정통장로교단(Orthodox Presbyterian Church, OPC) 파송 선교사로 대한예수교 장로회 합동 측과 협력하여 이 선교 훈련

기관을 세웠다.]과 GMTC(Global Missionary Training Institute) 등에서 OMF 선교사들이 강의하였다.

4. 선교사 파송 운동의 본격화(도문갑 초대 총무 글)

이미 언급한 대로 개척 사역을 주된 목표로 삼는 OMF로서는 이미 교회가 성장일로에 있는 한국을 선교지로 보기 어려워, 동아시아 지역에서도 가장 늦은 1960년대 말에 선교사를 보내기 시작하였다. 그래서 한국은 OMF가 일해 온 동아시아 지역 중에서도 가장 늦게 사역을 시작한 곳이고, 동시에 선교사 파송 구조의 설립도 일본 등 다른 동아시아 선교지보다 늦은 편이었다.

한국 교회의 역동적인 성장기에 사역을 시작한 OMF 선교사 팀은 초기에는 폭발적인 교회 성장이 가져올 역기능이나 어두운 그림자를 예견하고 그 내실을 다지는 성경 읽기와 말씀 묵상 운동에 집중하였다. 그러나 점차 한국 교회의 부흥이 해외 선교 운동과 연결될 수 있다는 잠재력을 발견하게 되자, 한국 교회가 선교하는 교회로 성장할 수 있도록 기도하면서 그 체제를 준비하기 시작하였다. 1970년대 말과 1980년대 초만 해도 해외 선교는 한국에서 아직 생소한 분야였다. 세계 선교에 뜻을 둔 젊은이들이 곳곳에서 일어나고 있었지만, 이들을 수용하고 파송할 여건을 한국 교회가 아직 갖추지 못한 상태였고, 더구나 체계적으로 선교사들을 관리하고 돌보는 전문 선교 단체의 역할과 그 필요성에 대해서는 거의 알려지지 않았던 시기였다.

이런 척박한 토양 속에서 초기 OMF 선교사들은 하나님께서 한국 교회를 선교의 도구로 사용하실 것을 믿음의 눈으로 바라보면서 기도함으로써 비전의 씨앗을 뿌렸다. 1970년대 중반과 1980년대 초반까지는 선교운동의 초기 계몽과 선교 훈련에 참여했지만, 1980년대 들어서는 선교사 파송의 통로나 필드의 네트워크가 개발되지 못한 한국 선교사 후보자들을 위해 OMF를 통한 선교사 파송의 통로를 본격적으로 열게 된다. 1980년에 선교사 파송을 목적으로 하는 OMF 한국 이사회(Home Council)를 결성한 것이 바로 그것이다.

패티슨을 위시한 OMF 필드 팀과 성서유니온의 윤종하 총무는 1970년대 말의 몇 년 동안 한국 이사회의 발족을 위해 기도하고 구체적으로 준비해 왔는데, 그 준비 작업으로 먼저 한국 이사회의 실무 행정가를 세우기 위해서 1998년부터 부지런히 사역자를 물색하고 있었다. 윤종하 총무는 당시 일반 회사에 근무하면서 성서유니온 자원봉사자로 섬기던 도문갑을 적임자로 추천하였고, 1년간의 설득과 권유 끝에 도 형제 부부는 결국 부르심에 순종하고 1980년 3월 초에 마산 가포에 위치한 국립마산결핵병원(지금의 국립마산병원)에서 일하던 배도선 선교사의 선교센터에 내려가서, 배 선교사 가족과 6개월간 함께 지내면서 한국에서 OMF 사역을 시작하기 위한 훈련과 오리엔테이션을 받게 되었다. 도문갑 부부는 배도선 가정과 동거하면서 OMF에 관한 사역과 선교사들의 삶에 대해 배울 수 있었고, 당시에 배 선교사와 정기적으로 교제하면서 선교의 꿈을 키우고 있던 초창기 한국인 OMF 선교사 후보자들과도 만나게 되었다. 한국 OMF의 본국 사역은 도문갑 총무 가족이 서울로 다시 이주한 1980년 9월부터 본격적으로 시작되었다.

한국 OMF의 모체가 된 한국 이사회는 배도선과 윤종하 등이 중심이 되어 몇 차례의 예비모임을 가진 후에, 당시 국제 총재였던 마이클 그리피스(Michael Griffiths)가 1980년에 방한하면서 5월 30일에 드디어 창립 이사회를 열고 출범하게 되었다. 초대 이사회의 구성원은 김세윤, 전재옥, 이명수, 윤종하, 안병호, 배도선 등이었다. ACTS 교수였던 김세윤 박사가 초대 이사장을 맡았고, 1980년 7월에는 신임 이사로 김인수 박사가 이사회에 참여하게 되었다. 이후에 해외로 나가는 김세윤 박사의 뒤를 이어 김인수 박사가 1981년부터 이사장의 책임을 맡게 되었고, 그 후 1990년대 말까지 10여 년간 한국 OMF의 발전을 위해 성심껏 헌신하고 봉사하였다. 1980년대 중반에 이건오 박사, 이태웅 박사 등 전문인들이 합류하게 되었는데, 초기의 OMF 한국 이사회는 선교의 실제적인 경험과 국제적인 감각을 가진 전문가들로 구성되어, 국제 본부와의 정책 조율이나 국제 선교 단체 내에서 한국적인 선교 사역 모델을 개발하는데 매우 중요한 기여를 한 것으로 평가되고 있다.

초창기 1980년부터 1989년까지 약 10여 년간 한국 OMF의 총무를 맡았던 도문갑 목사는 자신의 업무 중 70~80%는 국내 사역 개발, 20-30%는 한국 필드의 외국인 선교사들을 지원하는 업무였다고 회고한다. 그는 1980년대에 활동한 선교사들과 직간접적으로 협력하면서 OMF 한국 이사회와 필드 팀을 연결하는 역할을 담당하였다. 홈과 필드의 협력관계 중 특별히 의미가 있었던 사건을 도문갑 목사는 이렇게 회고하고 있다.

한국 이사회가 발족된 지 1년 후인 1981년 5월 2일에 한국 이사회 멤버들과 OMF 필드 선교사 등 총 16명이 함께 모여 "한국에서의 OMF 사역 정책과 활동 방향"에 대해 하루 종일 정책토론을 벌인 적이 있었다. 김인수 박사의 주도로 모든 사람들이 주제별로 의견을 카드에 적어내고 취합해 나가는 그룹 다이내믹스

도문갑과 선교사들

기법을 활용하였다. 거르고 걸러서 세 가지로 압축된 최종 사역의 방향은 첫째,
한국 선교사의 파송, 둘째, 성경 묵상 운동의 확산과 효과적인 성경 교육, 셋째,
믿음, 생활 중심의 선교사 훈련 프로그램의 개발이었다.

　　마침 그때 한국 OMF의 설립을 격려하기 위해 방문 중이던 OMF 국
제 본부의 본국 사역 담당 책임자 데니스 레인도 이에 동참하였는데, 국
제 본부의 선교 행정가이던 레인 선교사가 1980년대 초부터 두란노서원
과 협력하여 한국 교회에 강해 설교의 강풍을 불러일으킨 것도 결코 우연
한 사건이 아니었다.

　　결론적으로, 한국에 와서 사역한 OMF 선교사들의 겸비하고 검소한
삶의 태도와 말씀 강해 능력은 한국 교회에 큰 영향을 끼쳤고, 이것은 한
국 이사회의 사심 없는 봉사와 섬김에 더 큰 힘을 얻어 OMF가 1980년

필드 컨퍼런스 | 1983년 잠실(위), 1984년 패티슨 부부와 연희동에서(아래)

대부터 한국 교회 중에 선교적 영향력을 발휘하면서 선교사 파송 운동을
확산시키는 일에 원동력이 되었다.

5. 발전적 통합의 시기

앞서 언급하였듯이, 1985년 이태웅, 홍정길, 이동원, 하용조 등이 이 시기 동일한 보조와 방향을 가지고 활동을 한 선교 지도자들이었고, 그들의 이름은 대부분의 선교 기관 이사 명단에 있었다. 이들 중에 선교에 직접적으로 연구하고 관여한 이태웅을 중심으로 하여 OMF와 성경번역선교회(GBT: Global Bible Translation) 및 한국선교 훈련원(GMTC)을 한 조직으로 통합하여 한국해외선교회(Global Mission Fellowship)를 만들었다. 차차로 이 GMF는 선교사 파송기관인 한국 OMF와 성경번역선교회,그리고 선교사 훈련기관인 한국선교 훈련원(GMTC), 선교에 관한 연구기관인 한국선교연구원(Krim: Korea Research Institute of Mission), 해외선교 개척을 담당하는 한국해외선교회 개척 선교부(GMP: Global Missions Pioneers), 미전도 종족을 위한 전문인협력기구(HOPE)(1989년 설립) 등 선교의 모든 영역을 아우르는 거대하고 다양한 조직으로 변화되었다.

6. 이 시기의 평가

이 시기는 한국 교회가 요동친 시기였다. 1970년대 여러 전도대회를 통하여 교인 수가 급성장 시기를 거쳐 이제는 한국 교회가 대내외적으로 무엇인가를 행하여야 하는 시기였다. 이 시기에 한국 교회에는 두 가지 현상이 분명하게 나타났다. 한 가지는, 앞으로 전진하려고 하는데 지도자가 없거나 부족하여 어려움을 겪었다는 것이며, 또 한 가지는, 그럼에도 불구하고 이러한 문제를 파악한 지도자들이 문제 해결을 위하여 적극적으로 나섰다는 것이다. 정치적으로도 그러하였고 경제적으로도 그러하였으며, 교회적으로는 더욱 더 그러하였다.

하용조 목사는 1981년에 신촌에서 두란노서원을 만들었다. 누구도 들어오기를 꺼리던 값싼 건물을 임대하여 그곳에서 책을 발간하고 또한 성경을 연구하는 집회를 열었다. OMF와 관련된 행사 중에 데니스 레인 강해 설교 세미나가 있었고, 성경 묵상 보급은 이전보다 더 발전된 형태로 이루어졌다. OMF 선교사들이 강조했던 크리스천의 변화된 삶은 하용조 목사의 두란노 운동과 그가 개척한 온누리교회의 세미나 등의 사역에 힙입어 더욱 발전된 깊이의 도전을 줄 수 있었다. 캐나다의 정치학 교수인 폴 마샬(Paul Marchal)을 초빙하여 기독교 사상 강좌를 열었으며(1989년 7월), 10월에는 게리 콜린스(Gary Collins) 교수를 초청하여 기독교 가정의 삶을 위한 세미나를 열기도 하였다.

한국 OMF는 1980년대를 통틀어서 한국 교회에 세계선교의 가능성과 실제적인 통로를 열면서 1980년대 말부터 본격화하기 시작한 한국 교회의 해외선교 운동의 견인차 역할을 했다고 볼 수 있다. 실제로 한국 선교는 1980년대 후반을 기점으로 폭발적인 증가세를 보이게 된다. 1988년도에 죠이 선교회와 GMF가 공동 주최한 한국청년대학생 선교대회는 그 영향력으로 인해 '선교한국' 대회로 발전하는 첫걸음(제1회 선교한국)이 되었는데, 당시 OMF의 국제 총재였던 허드슨 테일러 3세가 주 강사로 초청되어서 한국의 청년 대학생들에게 뜨거운 영적 감화와 함께 강력한 선교의 도전을 던져 주었다. 그 후 선교한국 대회는 격년으로 개최되어 2014년 제14회 대회에 이르기까지 한국 교회 선교 운동에 큰 동력을 제공해 왔다.

OMF 선교사가 SU와 협력하여 시작했던 해변 캠프와 이런저런 선교훈련 센터에서 감당했던 선교사 훈련은 OMF의 매우 큰 강점이었다. 풍부한 경험과 자료가 있어 선도적인 기능을 한국 교회에 선을 보였음에도 한국 교회를 이 부분에서 성장시키는 데는 큰 힘이 되지 못하고 OMF 자체 사역의 한 부분으로 끝났다는 점이 아쉽다. 이는 선교사가 관심을 가질 때만 발전하다가 담당 선교사가 떠나거나 다른 일에 종사하면 그 사역 자체가 약화되었기 때문이다. 비록 개별 선교사가 시작하였지만 이러한 사역에 대해서 인정을 하고 그 사역이 지속되도록 본부가 정책을 가지고 전략을 세웠으면 아주 좋았을 것이다.

제3기: 좌표 재정립기(1990~2000년)

1 | 1990년대 한국 및 한국 교회의 상황

이 시기 한국 교회는 개별 교회마다 전도에 열정을 올리며 교세를 확장하고, 들어오는 성도들을 감당하기 위하여 대형 예배당들을 건축하면서 세계 선교도 적극적으로 강조하고 있었다.

한국에서 사역하던 외국인 OMF 선교사들은 2004년도에 전부 철수했는데, 과연 한국에는 더 이상의 선교사가 필요 없었을까?

일반적으로 회사들을 보면 미래에 대한 준비를 하고자 자체 감사도 하고 자체적으로 문제점과 새로운 방향성을 찾으려고 노력하지만 그것만으로 성공하지 못하는 경우가 많다. 그러므로 회사 밖의 제3의 인물로 하여금 회사를 적나라하게 보게 하여 문제점을 찾아내고 해결책을 제시받는다. 당시 한국 교회가 그러했다. 적어도 1970년대까지는 전도라는 방향을 잘 잡고 나아가고 있었다. 하지만 언젠가부터 교회 부흥의 의

미가 신실한 신앙생활에 있는 것이 아니라 교인 수의 증가에 있고 재물의 많음이 척도가 되기 시작하였다. 지금도 이러한 경향은 크게 작용하고 있다. 하지만 실제로 교회는 수와 부보다 공동체로서의 바른 모습이 더욱 중요하다. 교회는 가정과 같은 성격을 가진 것으로, 진정한 사랑의 공동체가 되어야 한다. 하지만 이러한 공동체가 무너지고 교회 안에서도 가진 자와 가지지 못한 자, 힘이 있는 자와 없는 자가 나뉘는 상황이 전개되었을 때에, 한국 교회는 바른 길을 제시하는 역할을 할 기관이나 지도자를 필요로 하였다.

이러한 한국 교회의 현상에 대한 경고가 이곳저곳에서 터져 나왔지만 시대의 흐름을 바꾸지 못하였다. 그 결과로 이제는 교회가 사회로부터 도리어 걱정의 대상이 되는 시대가 되었다. 한국 교회를 분석하고 잘못된 것을 지적할 뿐만 아니라 당연히 나아가야 하는 방향을 제시하는 역할을 OMF 한국 필드가 할 수 없었을까? 진한 아쉬움이 남는다.

2 | 한국 OMF의 상황

제3기로 들어서 한국 OMF는 매우 활발한 활동을 보여 주었다. 데니스 레인은 계속하여 성경 강해 설교 세미나를 열었고, 보다 진일보하여 초급반과 중급반을 개설하여 강해를 하였다. 이는 곧 고급반까지 만들 수 있는 상황으로 발전할 수 있는 분위기였다. 나아가 한국 OMF 선교사들에 대한 한국 교회의 인식은 매우 좋았다. 그러므로 세실리 모어는 고신대학교 기독교교육과에서 교수로서 활동을 할 수 있었고, '선교한국 '90'의 주최 측에서 초빙한 14개의 선교 단체 중에서 OMF는 가장 중요한 선교 단체에 속하였다. 이 시기에 한국 OMF에 한국을 위하여 온 선교사 그룹과

해외에 복음을 전하기 위한 선교사 파송 그룹이 형성되어 있었다. 또한 한국인이 한국 OMF의 총 책임자 된 지 10년이 되는 해이기도 하였다.

당시 한국 OMF의 기본 방향은 소그룹, 멘토링, 목회 상담을 통한 제자훈련이었다. 또한 기독교 종합 잡지이자 영향력이 큰 《빛과 소금》에는 OMF와 관련된 글이 많이 게재되었다. 한국 교회들도 해외 선교나 선교 동원에 적극적으로 나섰고, 선교 훈련 기관들도 생겨나게 되었다.

1. 선교 훈련에 적극 동참함

1989년까지 한국 교회는 겨우 673명의 선교사를 파송한 상태였다. 그러나 선교 훈련 기관은 거의 없었으며 어느 정도 신학적 소양과 언어가 준비되면 파송하는 그런 상황이었다. 이러한 것을 깨달은 선교 지도자들은 이태웅 박사를 중심으로 선교 훈련원, 선교사 파송 기관, 선교 연구 기관을 하나의 조직 속에 있게 하여 서로 간의 유대를 가지고 선교하게 하였다. 그 결과 GMF 산하에 만들어진 한국 전문인 선교 훈련원과 선교를 연구하는 KRIM(Korea Research Center Institute of Missions)의 설립은 당시에 획기적인 것으로 상당한 호응을 받았으며 한국 교회의 선교에 새로운 획을 긋는 것이었다. 이 기관은 당시 선교 훈련원 중에서 가장 긴 1년 기간의 선교 훈련을 하였으며, 그것도 선교사 지망생의 가족까지 다 참석해야 하는 합숙 프로그램이었다. 한국 OMF 소속 선교사들이 이러한 프로그램을 돕기는 했지만, 이제 한국은 선교의 모든 분야에서 리더십을 발휘할 수 있었다.

2. 한국누가회의 성립 초창기와 지속적인 활약에 기여

패티슨은 한국에 온 이후로 한국 의료인들의 모임에 관심을 가지고 있었다. 그리고 의사들의 모임에 대한 자료 조사도 하였다. 당시 녹십자 병원장인 장기려 박사가 중심된 의사회가 있었지만, 전국적인 조직은 아니었다. 패티슨은 의료인의 선교회 조직을 위해서 10년 이상 기도하고 있었다.

이러한 때에 1979년 경희대학교 의과대학 학생들이 중심이 되어 각 대학 의과대학에 재학 중인 학생들이 의료인 단체를 만들고 하나님 앞에서 헌신할 것을 중심으로 하는 조직을 만들었다. 초기 인원은 69명이었다. 이 모임은 곧 1980년 제1회 학생수련회를 가진 이후, 여름과 겨울의 수련회와 각 캠퍼스의 모임을 중심으로 점차 확장되어 갔다.

캘빈 마는 의료 사역의 결과에 대해서 이렇게 기록하였다.

2014년에 CMF는 40개의 의과대학, 9개의 치과대학, 11개의 한의대, 그리고 31개의 간호대에서 활동을 하고 있다. 약 2,800명 학생들이 CMF에 관련되어 있고, 3,000여 명의 졸업생들이 서울과 8군데의 지방 지회의 활동에 참여하고 있다. CMF는 훈련을 받고 있는 의대생이나 의료계에 종사하는 전문인들이 자신의 분야와 사회봉사 면에서 빛이 되도록, 그리고 그들이 의료 선교의 면에서도 한 걸음 더 나아가도록 활발하게 사역하고 있다. 2014년 현재, CMF에서는 28개국에서 협력하여 섬기고 있는 선교사가 68명이며, 그들의 사역 기간은 대부분 5년에서 10년이다.

의료 계통의 선교회로 누가회만 있는 것은 아니었다. 1990년대 국내 신생 의대와 간호대의 설립을 계기로, 그 사역의 영역이 간호대까지 확장되어 국내 기독 의료인의 대표적인 공동체로 성장하게 되었다. 이 순간에도 누가회 정신(CMF Spirit)을 고백하는 누가(의사)들과 작은 누가

(학부생)들은 의료 사회에서 우리 주 예수 그리스도의 주 되심을 고백하고 있다. 또 간호사들을 중심으로 한 기독교 간호 협회(NCF: Nurse's Christian Fellowship)도 조직되었다.

간호선교회는 활발하게 활동하였는데, 미국에서 간호사 생활을 하다가 온 캐롤 핀들레이가 많이 관여하였다. 핀들레이는 순천향병원 간호사들과 이화여대 간호학과 학생들에게 영어를 지도하였다. 또한 1999년 7월 12~14일까지 수련회를 가졌고, 2000년 6월 27일부터 7월 4일까지 필리핀에서 열리는 국제 간호사 수련회에 한국 간호사 15명을 인솔하기도 하였다. 이처럼 기독교 간호 협회(NCF)는 간호사들에게 국제적인 안목을 갖도록 하거나 자질을 향상시키는 일을 활발하게 하였으므로 기독교 간호 협회 초기부터 이 일을 위한 간사가 필요할 정도였다.

3. 미혼모 선교의 시작

이본느 팝은 미혼모 선교에 대한 관심을 가진 것에 대하여 1997년 10월 *Korea Calls*에 글을 실었다. 팝에 따르면, 서울에서 미혼모가 되는 것은 학식이 없기 때문이 아니라 돈을 급히 필요로 하면서 미래가 보장되지 않기 때문일 경우가 많다. 팝은 1998년 안식년을 마치고 귀국한 후에도 계속해서 이 일을 하고자 하였다. 뿐만 아니라 사랑의 교회가 주관하는 '우물가 선교회'와 약속하기를, 귀국 후에 선교회는 미혼모 내지 거리의 여인들에게 하나님의 사랑을 보여 줄 수 있도록 함께 기거할 수 있는 아파트를 제공하겠다고 하였다. 하지만 1998년 이후 미혼모 사역에 대한 기록이 없어 아쉽다.

이러한 상황에서 오어 부부는 1998년 사역지를 광주로 옮기면서 이 사역에 관심을 보였다. 그들은 2000년에 18세 이하의 거리 소녀들에게 관심을 가졌고 통계까지 제시할 정도였다. 그러나 오어 부부가 3월부터 안식년을 갖게 되면서 광주에서의 사역은 중단되었고, 그들이 안식년을 마치고 2001년 귀국한 후에 서울에서 이 일을 다시 시작하였다. 이 일을 위하여 그들은 커피숍을 운영하였다. 당시 필드 디렉터였던 캘빈은 지난 10년간 사회의 급격한 변화로 야기된 이러한 필요에 대응하기 위하여 주께서 적당한 사역자를 팀에 보내 주시도록 기도를 요청하고 있다.

Korea Calls 2000년 4월호에는 코니 오어가 한 미혼모가 아기를 유기하면서 아기에게 남긴 편지를 소개하면서 이 사역에 다시 등장하였다.

사랑하는 아가에게

나는 너를 낳은 엄마야. 죽어도 낫지 못할 상처를 준 것을 생각하니 내 마음이 너무 아프구나. 미안하다. 만일 네가 성인이 되어 이 편지를 읽게 된다면 나를 용서해 주기 바란다. 처음 나는 열 달 동안 내 뱃속에 데리고 있다가 산통을 겪으며 낳기만 하면 가능한 한 최선을 다해서 너를 잊어야 한다고 생각했다. 그래서 너를 안거나 바라보지도 않을 것이고 너를 떠나기 위해서 어떤 사랑도 주지 않겠다고 결심했다. 그 마음을 이해할 수 있겠니?

너는 너의 고통에 비해서 나의 고통은 아무것도 아니라고 생각할지 모른다. 그런데 그것은 내게도 매우 어려운 일이었단다. 너를 가졌을 때 나는 많은 계획과 꿈이 있는 나이였다. 그래도 나는 너를 가진 것을 한 번도 후회한 적은 없었다. 사실 너를 지니고 있었던 열 달은 나에게 특별했고, 그 일이 아니라면 배울 수 없었던 것을 많이 배울 수 있었다. 너를 위해서 내가 할 수 있는 유일한 일은, 네가 사랑을 받으며 제대로 성장할 수 있는 좋은 가정을 찾는 일이다. 너는 나에게 많은 것을 주었는데 나는 너에게 아무것도 주지 못했기 때문이다. 아가야, 너에

게 '사랑해!'라고 말해도 되겠니? '사랑한다.'

　　이 편지는 18세 된 미혼모가 내가 어느 시설에서 매주 하고 있는 한 달 프로그램의 그룹홈 성경 공부에서 쓴 것입니다. 지난 6년 동안 아이를 낳은 미혼모의 숫자는 두 배로 늘었습니다.(통계에 들어 있지 않은 인공 유산의 숫자까지 합치면 얼마나 될지 모릅니다.) 이 시설을 운영하고 있는 복지부는 이 아기들을 그저 입양 주선만 해서는 안 된다고 결정했습니다. 그 미혼모들의 깨어진 삶을 재건하는 일을 돕기를 희망한 것이었습니다.

　　내가 매주 하는 전인적인 치유 프로그램은 그들에게 보금자리를 제공하고 양육하며 인도하기 위해서 계획되었습니다. 나는 화요일마다 매주 이들과 생명의 말씀을 나눌 수 있게 된 것을 큰 특권으로 생각합니다. 이 소녀들이 하나님을 찾아 만날 수 있도록, 자신과 자기들이 낳은 아기들이 하나님의 형상대로 창조된 존재인 것을 알 수 있도록 기도를 부탁합니다.

　　이러한 글과 함께 코니 오어는 서울의 한 미혼모 보호소인 애란원이 1999년에 조사 발표한 통계표를 게재하였다. 미혼모의 나이에 대한 통계로서, 다음 예를 들었다.

　　15세 이하(15명), 18세 이하(104명), 20세 이하(56명), 22세 이하(37명), 22세 이하(27명) 등이며, 종교로는 기독교(76명), 로마가톨릭(13명), 불교(26명), 무교(135명), 기타(3명)이었다.

　　오어 부부가 2001년 3월 안식년으로 서울을 떠났을 때, 캐롤 핀들레이가 몇 년 동안 자원하여 애란원 사역을 도왔다. 이 사역은 늘 그래 왔듯이 한국인의 주도하에 지금까지 잘 진행되고 있다.

참고로 2000년 1월부터 1년 동안 종암경찰서장이었던 김강자 서장이 종암동의 매춘거리를 정화하겠다고 매춘과의 전쟁을 선언한 것은 한국 교회에 지대한 관심을 갖게 하였고, 그 영향이 역시 선교부에도 끼치게 되었다. 즉 당시 한국 교회가 지대한 관심을 가져야 하는 부분이 사회적으로 표출되었고, 나아가 한국 OMF가 한국 교회를 이끌어 가거나 제시할 수 있는 좋은 소재였으며 꼭 필요한 것이었다.

한국에서의 미혼모의 관심은 오래전부터 있었다. 그러나 구체적이고 활성화되지는 않았다. 조사에 의하면 1988년에 어느 독지가가 '새싹뜰'이라는 거주지를 만들어 미혼모들을 보호하기 시작하였다. 다음으로는 1990년 서울 서초동에 있는 사랑의 교회가 '우물가 선교회'를 조직하면서 적극적으로 활동하기 시작하였다. 이는 유명한 구호 단체들보다 앞섰다. 홀트아동복지회는 1955년부터 활동을 시작하였지만, 실상 미혼모에 대한 관심은 2006년에 '아름뜰'이라는 시설을 만들어 이들을 돌보면서 표출되었다. 현재 아름뜰의 규모는 20명을 보살필 수 있을 정도이다. 구세군은 1926년부터 어려운 사람들을 위한 조직을 만들었지만, 2009년에야 '두리홈'을 설립해 미혼여성들을 보살피기 시작하였다.

한국 OMF는 한국 정부나 공공단체가 활동하기 이전부터 이 일을 잘하고 있었다. OMF가 선교사 개인의 사역을 넘어서서 국제적인 단체로서 다른 나라에서 사역했던 경험을 살릴 수는 없었을까 하는 아쉬움이 남는다.

4. 북한에 대한 관심이 *Korea Calls*에서 다루어지다

한 나라에 대한 관심이 깊어지고 그 나라를 사랑하게 되면 그 나라에 관한 모든 것에 관심을 갖게 된다. OMF 한국 필드 선교사들 역시 발전한 한국에서 관심을 가져야 할 부분이 무엇인가를 발견하였다. 그 부분에 대하여 *Korea Calls* 편집자가 *Korea Calls*에 의견을 개진하기 시작하였다. 1997년경에 광주에서 사역하던 오어 선교사는 다음과 같은 의미 있는 글을 실었다.

우리는 우선 광주로 이사 가서 처음 2년을 지낼 것이지만, 북한의 문이 열리면 북한으로 이사하여 사역하기를 희망한다.

이후 오어 선교사는 1999년도 7월의 *Korea Calls*에 다음과 같이 썼다.

북한을 위해 기도해 주세요.
북한의 생활환경은 매우 열악하고, 언제나 그러하듯이 가난한 사람들이 가장 힘이 듭니다. 저들이 그 가운데서 생명의 창조주를 구하고 찾을 수 있도록 기도해 주세요.

이러한 글은 계속 게재되고 있었다. 이러한 관심과 기도들이 모여서 점점 억압 받고 있는 백성들을 위한 사역으로 이어지게 되었다.
Korea Calls 2000년 2월호에는 이런 글이 실렸다.

하나님을 찬양합시다. 테일러 박사가 방문하여 많은 열매를 맺은 소식을 전해 주었습니다. 캘빈(Calvin Ma)이 [3월 22일~4월 1일까지] 독일에서 열리는 서양 본국 리더 회의(Western Home Leaders Consultation)에 참석하여 3월 30일에 북한 세미나 시간에 발표를 할 것인데 그것을 위해서 기도해 주세요.

이 글을 통해서 볼 수 있듯이, 캘빈 마는 북한 선교에 관심을 기울이고 있었고 국제OMF 안에서 그 이슈가 논의될 것이었다.

1990년대 한국 교회는 이미 북한 선교에 상당 수준의 상식과 준비가 되어 있었고 북한 선교를 위한 학교까지 개설되어 있었다. 그러나 한국인으로서 제약이 있었기 때문에 당시 OMF와 연계할 수 있었더라면 하는 아쉬움이 있다.

OMF에서 북한에 관한 기고문이 작성되는 데 무려 16개월이 걸렸고, 그 기고문도 문서가 아니라 이메일로 받아 볼 수 있는 것이었다. "Korea에는 북한도 포함됩니다."라는 제목으로 첫 기고문이 개게 되었다. 북한을 위한 기도 회보는 2달에 한 번씩 발행되는데, 총 31개의 기도 제목이 게재되었다. 탈북자들의 삶도 있고, 북한의 한 고아원 기사도 있으며, 김정일과 일본의 조총련에 관한 글도 있다. 소책자로 한국에서 출판된 것은 2004년이었다.

이 당시 한국 교회는 OMF와 같은 국제 단체의 협력이 매우 필요한 시기였다. 국내에서 보는 시각과 OMF와 같이 역사가 깊고 특별한 중국 전문 선교 단체의 정보는 북한 선교를 준비하고 연구하는 한국 교회에는 절대적으로 도움이 될 것임에 틀림없었다. 즉 홍콩, 말레이시아, 타이완, 인도네시아, 싱가포르 등지를 통하여 얻어지는 정보가 제대로만 한국 교회에 전달되었다면 참으로 좋은 파트너가 될 수 있었을 것이다.

90년대 당시에는 그렇게까지는 활동하지 못했지만, 국제 OMF가 그러한 필요를 인식하고 현재 몇 년 전부터 북한 필드를 만들어 사역하고 있는 것은 매우 감사한 일이다. 그 사역의 중심에 처음 남한에서 기도를 시작했던 인물들이 포함되어 있는 것에 대해서도 하나님을 찬양한다.

이전 한국 대표 손창남, 안은숙 선교사와 함께 했던 1994년 불광동 필드 컨퍼런스

제4기:철수기(2000~2004년)

　　2000년 1월 1일을 맞이하는 모습은 새로운 천년 시대가 시작된다는 점에서 전 세계가 축제의 분위기였지만 한편으로 Y2K라는 문제로 1999년 하반기부터 매우 시끄러웠다. 즉 모든 컴퓨터가 2000년을 인식하지 못해 모든 행정에 차질이 생길 것이고 심지어는 비행기 기계들이 2000년을 인식하지 못해 추락할 수도 있다는 우려로 인하여 매우 긴장된 상태였다.

　　OMF 소식지에 2000년대가 한국에 시위가 많이 있었던 시기라는

팀 미팅 후, 잠실 장미 아파트에서

표현이 있었는데, 당시 편집자의 눈에는 그렇게 보였나 보다. 실제로
2000년대는 1980년대와 같은 격동기는 아니었다. 이러한 상황에서 한
국에 있는 선교사의 수도 4명으로 급격히 줄어들었다. 세실리 모어는 결
국 건강 문제로 인하여 고향인 호주 OMF로 적을 옮기게 되었다. 이러한
상황에서도 선교사들은 열심히 활동하였다.

1. 전문인 사역의 통로

1997년 영락교회에서 열렸던 의료 선교 대회에서 한국에 MSI 전문
인 사역이 소개되었다. 그 사역을 시작했던 의사 레지날드 짱이 방한하
였고, 그때 의료 선교에 관심이 많았던 우상두, 박일환이 캘빈과 연결되
어 MSI 기도 모임이 캘빈의 자택에서 시작되었다. 최근에는 선교지가

MSI 전문인 선교 동원 대회, 2011년 부산

거의 창의적 접근 지역이어서 전문인 사역에 대한 관심과 논의가 활발하지만 당시에 그러한 통로가 되었던 일은 기록에 남길 만한 일이었다.

결과적으로 하나님께서 두 명의 CMF 멤버의 마음을 만지셔서 MSI PS(Professional Service) 멤버로 들어와 중국 내지에서 전문인 사역을 시작하게 하셨다. 현지 병원에서 NGO로 등록이 되어 합법적인 위치에서 전략적으로 사역을 하고 있는 단체에서, 한 명은 이제껏 섬기다가 최근 다시 들어가지 못하게 되었지만 다른 한 명은 아직도 가족과 함께 필드에 있다.

현재 한국 OMF 내에는 전문인의 사역을 지지하고 후원하는 MSI 이사회가 활동하고 있는데, 그것은 캘빈과 기도를 시작했던 인물들을 중심으로 2003년 중엽 처음으로 시작된 것이었다.

2. 한국 교회를 위한 필드 사역의 종결

2004년 7월 한국 교회를 위하여 일하던 선교사 두 명이 모두 출국하였다. 이사벨라 퍼디는 20년간의 선교사 생활을 정리하고 (도중에 잠시 본국에 머문 시간도 있었지만) 55세의 나이로 본국 북아일랜드로 떠났다. 그리고 캐롤 핀들레이는 북한 사역팀 일원으로 다시 오기는 했지만, OMF 한국 필드 선교사로서의 직분은 당시에 안식년이 되어 미국으로 떠나면서 종료하였다.

사실 OMF 한국 필드 지도자들은(일부는 그렇게 생각하지 않은 사람들도 있었지만) 단일 민족인 한국에 선교의 역량을 확장하기 위해서 외국인 선교사들이 들어와 사역하는 일이 전략적으로 필요하다고 생각하였다. 사실상 싱가포르의 국제 본부 회의에서 1990년대 후반 한국에 선교사들을 더 보내자고 의논이 되기도 하였다. 그런데 지원자가 없었다. 그래서 OMF는 이 일을 하나님께서 주권적으로 하신 일로 보았다.

* 한국 OMF의 협동 선교사 :

> 한국인 아기 세 명 – 필레시티(21세), 티모디(19세), 에반젤린(15세) – 을 입양하여 자녀 삼은 알렉스와 트레이시 뱅크스 부부가 OMF의 협동 선교사로 한국에 들어와 처음에는 부산 고신대, 현재는 포항 한동대에서 교수 사역과 선교 훈련을 하고 있다.

CHAPTER 3

정리하면서

MISSIONARIES
WHO LOVED KOREA

한국은 복을 받은 나라이다. 일제의 압정에서도 벗어날 수 있었고, 식민과 전쟁으로 인하여 세계에서 가장 가난한 나라에 속하였지만 이제는 세계에서 잘사는 나라에 속하게 되었다. 이러한 것보다 더 복된 것은 복음이 전해진 것과 복음을 다시 전 세계로 전할 수 있는 나라가 된 것이다. 이러한 과정 속에는 OMF라고 하는 귀중한 선교 단체가 한국을 위하여 헌신하였다. 참으로 하나님께 감사한 일이다. 이들의 헌신을 통하여 한국 교회는 세계 선교에 대하여 새로운 자세를 배울 수 있게 되었기 때문이다.

그럼에도 인간이 하는 일에는 잘함과 못함이 공존한다. 이를 간단히 정리함으로써 한국 OMF의 역사 정리를 마치고자 한다.

1 | OMF 한국 필드의 잘한 점

① 성경 묵상 운동과 성경 강해 운동이 자리 잡도록 도운 점을 우선적으로 꼽고 싶다.
② SU, IVF 등과 같은 단체와 연합하는 모습을 보여 준 것도 한국 교회에는 좋은 교훈이 되었다. 교회나 교단, 선교 단체와 다투거나 경쟁하지 않고 함께할 수 있다는 것을 보여 주었다. 그러므로 한국 교회는 의심하지 않고 OMF와 함께할 수 있었다.
③ 서울을 중심으로 하지 않고 지방을 중심으로 시작하였다는 점은 매우 도전적이며 실질적으로 한국 교회를 건강하게 성장할 수 있게 하였다.
④ 팀으로 사역한다는 점을 분명하게 보여 주었고, 하나님의 인도를 제일 우선시 한 것도 배울 점이었다.
⑤ 선교사 사역의 순서가 질서정연하게 이루어졌다. 매뉴얼에 따라 선교사를 선발하고, 싱가포르에서 오리엔테이션을 받은 후, 다시 선교지에 도착하여서는 첫 텀 동안 선교지 언어를 배우게 하고, 그 결과를 항상 테스트하여 선교사들이 현지 언어를 사용할 수 있게 한 점이다.

⑥ 믿음선교(faith mission)를 지킨다는 것이 쉬운 일이 아니다. 많은 유혹이 있기 마련이지만 이 부분을 지키며 하나님의 인도하심과 채워 주심을 바라며 사역하는 신앙인의 모습을 잘 보여 주었다.

⑦ 초창기에 선교 훈련과 파송을 도움으로써 한국 교회가 세계 선교에 새로운 발걸음을 내디딜 수 있도록 하였다.

⑧ 의료 분야에서 조직적으로 선교를 할 수 있는 체계를 세울 수 있었다. 이것은 패티슨과 함께한 의료진들의 수고의 결과이다.

⑨ 지도력을 한국인에게 이양하였다. 이 부분은 아직 한국 교회 지도자들이 제대로 못하고 있는 부분이다. 한국 OMF가 한창 활발하게 일하는 시기에 지도력을 이양할 수 있었던 것은 한국 기독교 지도자를 신뢰하고 동역의 원칙을 그대로 적용한 덕분이라고 판단된다.

⑩ 한국의 시대적 상황과 필요가 무엇인지를 잘 알아서 북한에 대한 기도 사역을 시작하였다.

2 │ OMF 한국 필드의 아쉬운 점

한 국가에서 선교할 때에 모든 것을 한 선교 단체가 책임을 질 수는 없다. 그러므로 아쉬움은 아쉬움 대로 남는 것이 옳을 것이다. 하지만 끝까지 남는 아쉬움이 있다. 즉 어느 선교 단체이건 한번쯤 생각하여야 하는 것이 있다. 이 부분만을 지적하고자 한다.

첫째, 해야 할 일이라면 개인이 그만두어도 단체로서 지속했더라면 하는 아쉬움이 있다. 북한 선교는 시간적으로는 지체되었어도 현재 잘하고 있어서 감사한 일이다. 그런데 미혼모 사역은 한국 교회 뿐만 아니라 한국 사회에도 꼭 필요한 일이었다. 지금까지 선교라고 하면 일반적으로 흔히 생활이 빈곤한 지역이나 복음이 전해지지 않은 곳에 가서 복음을 전하는 것이므로 그 사역의 형태가 대동소이하다. 그러므로 큰 어려움 없이 지금까지 축적한 노하우로 사역을 진행하면 된다. 그러나 한국은 그 같은 나라가 아니었다. 초기에는 다행히도 성경 연구와 묵상이라는 신앙적인 측면의 약점을 발견하여 이를 소개함으로써 한국 교회에 큰 공헌을 하였다.

그러나 한국 사회가 발전하고 한국 교회가 성장하며 세계화로 나아갈 때에의 상황에서도 무엇인가 한국 교회와 함께 하여 단일 민족이 세계 속에서 좀 더 갖추어지는 일에 도움이 될 일이 있었을 텐데 도중에 그만둔 것 같은 느낌을 지울 수 없다.

현대의 선교는 개발 도상국뿐만 아니라 흔히 말하는 선진국도 선교의 대상이 되었다. 선진국은 개발 도상국을 대하는 방법으로는 어렵다. 선진국의 상황에 맞게 발전된 선교 정책이 필요로 한다. 이런 점에서 볼 때 한국은 개발 도상국에서 선진국을 향해 발전하고 있는 나라였다. 지금이라도 성경연구와 묵상에 대한 새로운 대안을 제시할 수 있으면 좋겠다. 또한 신학까지도 새롭게 접근하여 복음을 더욱 효과적으로 전할 수 있는 방법을 연구하면 좋겠다.

둘째, 지도력 이양에서 방향성이 엇박자였다. 한국 OMF의 역사를 보면 1990년대부터 2000년대가 가장 활발하였다고 할 정도로 열심이었고 일본, 타이완, 중국, 말레이시아 등지로 그 활동무대를 넓혀 가고 있었다. 하지만 1997년도에 지도력을 한국인에게 물려주면서 지금까지 한국을 위한 선교사와 해외를 위한 선교사 간의 상호협력에 문제가 있었다고 본다.

지도자는 두 곳을 모두 보고 함께 나아가야 한다. 하지만《동아시아 기도》라는 잡지를 보면 한국에서 사역하던 외국인 선교사들에 대한 배려가 거의 없었음을 확인할 수 있다. 마치 한국 교회와 한국을 위한 선교는 필요 없고 오로지 아시아를 위한 선교만이 필요하다는 느낌을 지울 수 없다. 이에 비하여 필드 선교사들의 소식지인 *Korea Calls*에서는 반드시 한국 대표에 대한 마음을 전달하여 한국을 위한 선교사들과 한국 지도자와의 소통을 시도하고 있다.

맨 오른쪽이 필자 김성환

한 국가의 부족한 부분을 해당 국가 국민이 잘 볼 수 있는 부분이 있는가 하면, 외부에서 보아야만 볼 수 있는 것이 있다. 이 점이 모든 국가에서 필요로 하는 부분이다. 이러한 점은 교회도 마찬가지이다. 한국 교회가 아무리 성숙하였다고 하여도 한국 교회로서만 문제를 발견할 수 없고, 발견하였다고 하여도 혼자서만 풀려고 하면 풀리지 않거나 힘들게 된다.

이제는 아무리 기독교 국가라고 하여도 도움을 받아야 하는 시대에 살고 있다. 이 점을 인정한다면 한국 OMF도 지금까지의 경험을 통하여 새롭게 도약할 수 있을 것이다.

지금까지 함께하신 하나님께 찬양을 드리며, 앞으로도 계속 인도하여 주셔서 모범적인 선교 단체로 계속 남을 것을 기도드리며 글을 마친다.

CHAPTER 4

간추린 OMF
한국 필드 연표

MISSIONARIES
WHO LOVED KOREA

- **1966년(OMF 필드 시작 전):** 패티슨(한국 이름 배도선) 부부 아동 구제 기금을 통하여 국립 마산 병원 의사로 한국 도착.

- **1969년 8월 20일:**
  - 피터와 오드리 패티슨, 존과 캐슬린 월리스(두 자녀 포함), 마거릿 로버트슨(모두 영국), 1969년 7월에 시작하는 OMF 싱가포르 본부의 오리엔테이션 코스를 함께 마치고 한국 부산에 도착.

- **1972년:** 존과 캐슬린 월리스, 전라남도 순천으로 사역지 이동.

- **1972년 7월 1일:** 존 월리스, 서울에서 언어를 배운 후 윤종하[성서유니온(SU) 초대 총무]와 함께 SU를 설립하면서 초대 이사장이 됨.

- **1973년:** 월리스 가족, 캐슬린의 응급 수술 문제로 본국으로 돌아감. 그러나 후에도 가끔씩 강의하러 한국 방문. 2005년 한국 SU 간사 수련회 강사.

- **1974년 8월 30일:**
  - 존과 크리스 루이스(영국) 입국, 문서사역에 치중.
  - 현 OMF 소식지인 《동아시아 기도》의 원조인 《아시아 기도》 발간.

- **8월 30일:** 세실리 모어(한국 이름 모신희) 입국.

- **1975년:**
  - 말레이시아에서 OMF 선교사의 경험이 있었던 호주의 대프니 로버츠 한국 도착.
  - 닉과 캐서린 딘(영국, 한국 이름 임익선, 임경혜) 한국 도착.

- **1975년 8월:** 거제도에서 주로 마산에 있는 여중고학생들을 중심으로 제1회 SU 비치 캠프 실시. 권춘자와 세실리가 인도.

- **1975년 10월:** 세실리, SU의 권춘자 간사와 부산 영주동 초원 아파트로 이사. 세실리는 삼일교회, 권 간사는 대청동 장로교회 출석.

- **1977년 4월:** 테리와 게이 파이(영국) 한국 도착.

- **1977년 7월:** 닉과 캐서린 딘, 부산으로 이사(대청동 장로교회 출석).

- **1977년 8월:** 세실리, 자성대 아파트로 이사.

- **1978년:** 존과 크리스 루이스, 안식년으로 돌아간 후 돌아오지 않음.

- **1979년 6월:** 테리와 게이 파이, 마산으로 이사.

- **1980년:** 한국 OMF의 창립.

- **1980년 3월:** 도문갑, 황영애 부부, 6개월 인턴십 시작(마산 배도선 선교 센터).

- **1980년 5월:** OMF 한국 이사회 창립.

- **1980년 9월:**
  - 한국 OMF 업무 시작, 도문갑 총무(서울)
  - 기독교 의료 선교회(CMFK: Christian Medical Fellowship Korea) 창립.

- 대프니 로버츠, 안식년 마치고 귀국하여 독립 선교사로 IVF의 전임사 역자가 됨.
- 후반: 댄과 데비 홈버그(미국), 입국하여 협력 사역자로 일함.

1981년:
- 패티슨, 홍콩에서 *Crisis Unwares: A doctor examines the Korean church* 라 는 책을 발간.
- 데니스 레인, 강해 설교 세미나 시작.

1981년 8월:
- 거제도 와현에서 SU 해변 캠프 시작.
- 오스왈드 샌더스 방문(부산 삼일교회와 고신대학교).

1981~1986년: 13명의 한국인이 동남아 선교사로 파송됨.

1982년:
- 제2회 데니스 레인 강해 설교 세미나.
- 의료 선교대회– 패티슨, 박상은.

1982년 3월: 피터와 오드리 패티슨, 안식년으로 떠났다가 한국 필드 사 임하고 다른 사역지로 부임.

1982년 4월: 윌리와 케이티 블랙(스코틀랜드) 내한.

1982년 4~6월: 단기 선교사 릴리언과 웬다(싱가포르), 부산에 와서 중 국인 교회를 도움.

- **1982년 11월:** 테리 파이, 패티슨의 뒤를 이어 한국 필드 대표가 됨. OMF가 구입한 서울 잠실의 장미 아파트로 이사. 충현교회 협동 목사.

- **1982년 12월:** 제레미와 앤 비숍(영국) 내한.

- **1983년 2월:** 제3회 데니스 레인 강해 설교 세미나

- **1983년 4월:** 로저와 제인 시니어(영국) 내한.

- **1983년 12월:**
  - 클라스와 이블린 하우징거(네덜란드) 내한.
  - 리지와 코니 오어(미국, 한국이름 오례문, 오건희) 내한.

- **1984년 2월:** 제4회 데니스 레인 강해 설교 세미나.

- **1984년 5월:**
  - 이사벨라 퍼디(북아일랜드) 내한.
  - 피터와 오드리, 한국 방문–의료 선교대회 강사 등 사역
  - OMF 선교사 11명이 언어를 배우고 있었음(블랙 부부, 비숍 부부, 시니어 부부, 하우징거 부부, 오어 부부, 이사벨라 퍼디).

- **1984년 9월 29일:** 윌리와 케이티, 부산으로 이사. 광안중앙교회 출석.

- **1984년 10월:**
  - 캐롤 핀들레이 내한.
  - 교회 사역과 기독 간호사 협회(Nurses' Christian Fellowship) 사역.

📖 1985년:
- 부산 수영로교회에서, 1월 20일~23일, 1월 27일~30일까지 서울 남 서울교회에서 데니스와 준 레인 제5회 강해 설교 세미나.
- 닉과 캐서린 딘 가족, 안식년에서 돌아와 광주로 이사(SU, 광주신학 교 교수 사역).

📖 1985년 3월:
- 비숍 가족, 광주로 이사하여 동명교회에 출석, 캠퍼스 사역.

📖 1985년 5월:
- 시니어 가족, 전주로 이사하여 강해 설교 훈련과 제자 훈련 사역.
- OMF 부산 기도회 시작.

📖 1985년 10월: 한국 필드 컨퍼런스 – 존 월리스(영국 대표)와 댄 베이컨 (미국 대표) 방한.

📖 1986년 1월:
- 데니스 레인 제6회 강해 설교 세미나(서울, 부산).
- 캐롤 핀들레이, 이화여대 간호대생들에게 영어 성경 공부 지도.
- 총신대학교, 선교사훈련원(Missionary Training Institute)에서 교육.

📖 1986년 2월: 닉 딘(광주) 대리 대표.

📖 1986년 6월:
- 하우징거와 세실리 파이 가족, 안식년으로 서울 장미 아파트로 이사.
- 하우징거, 교회 사역 외에 손님 맞는 책임 맡음.
- 세실리, 사무실 행정 맡음(잠실 중앙교회 출석).

📖 **1986년 3~4월:**
- 오어, 강릉으로 이사. IVF 학생 사역.
- 반석교회 출석하며 강원도 무교회 지역 교회 개척팀 사역.

📖 **1986년 7~8월:** OMF, 서울 도시가스 아파트 구입. 이사벨라 퍼디 이사.

📖 **1987년 1월:** 데니스와 준 레인, 제7회 강해 설교 세미나.

📖 **1987년 3월:** 블랙, 파이 가족, 안식년에서 돌아옴. 블랙, 다시 부산으로 이사.

📖 **1987년 4~5월:** 피터 패티슨, CMF 수련회 강사로 내한.

📖 **1987년 7월:** 세실리, 다시 부산에 내려와 삼일교회에서 담임 목사 부재 기간 동안 교역자 성경 공부 인도. 목회자 사모 성경 공부 시작.

📖 **1987년 10월:** 세실리, 고신대학교 기독교교육과 주일학교 교재 개발 및 교사 훈련을 하는 교육팀에 합류(QT와 영상물 교재 사용).

📖 **1987년 11월 21~25일:** 아시아 선교 훈련원(Asia Missionary Training Institute) 부원장인 티터스 룽(Titus Loong) 박사, 후원 교회 방문 및 선교 강의를 위하여 내한.

📖 **1987년 12월:** 이본느 팝, 마이클 드빌리 내한.

📖 **1988년 3월:** 로저와 제인 시니어, 안식년에서 돌아와 대구로 이사. 비숍, 안식년에서 광주 동명교회로 돌아옴.

📖 **1989년 1월:** 데니스와 준 레인, 제9회 강해 설교 세미나(서울, 광주는 한 번 함).

📖 **1989년 2월:**
- 마이클 드빌리, 부산으로 이사.
- 복음병원과 고신 의과대학에서 전도와 교수 사역.
- 마이클 드빌리, 세실리 안식년으로 떠난 후에 덕림 아파트로 이사함.
- 닉과 캐서린 딘 가족, OMF 사임하고 한국 떠남.

📖 **1989년 3월:**
- 이사벨라 퍼디, 안식년에서 돌아와 SU 사역 계속함.
- 여름, 제레미와 앤 비숍, 영국으로 돌아가 안수받기 위한 공부 시작.

📖 **1989년 8월:** 캐롤 핀들레이, 안식년에서 돌아와 NCF(기독 간호사 협회) 협력 사역 계속.

📖 **1990년 1월 8~11일:**
- "일본을 알자" 선교 세미나가 KOMF 주관으로 부산 수영로교회에서 열림.
- 강사: OMF 한국 선교인 김신호와 일본인 마쓰모도 선교사.

📖 **1990년 1월:** 8~11일 초급과정, 15~19일 중급과정 데니스 레인, 제10회 강해 설교 세미나.

📖 **1990년 2월:**
- 세실리, 안식년 후 부산으로 돌아옴.
- 1996년까지 삼일교회와 고신대학교 기독교교육과의 교재 개발과 교수 사역 계속.

📖 **1990년 3월:**
- 테리와 게이 파이, 한국 떠남.
- 로저와 제인 시니어(한국 이름 신이영, 박재인) 한국 대표로 서울로 이사.
- 강해 설교반 인도.
- GMF 세미나 개최《빛과소금》90년 6월호, 232쪽

📖 **1990년 8월:**
- 27~31일, 서울에서 <제1회 아시아 선교대회>가 충현교회에서 '세계 선교: 아시아의 도전'이라는 제목으로 허드슨 테일러 3세를 주강사로 열림.
- 선교한국 대회가 1990년 7월 30일부터 8월 4일까지 서울여자대학교에서 개최, OMF도 동참함.
- KOMF 10주년 기념 사업회 개최.
- 하우징거, 춘천에서 사역.

📖 **1991년 9월:** 마이클 드빌리와 그 아내 이본느, 한국 부산에 돌아왔다가 사임하고 캐나다로 돌아감.

📖 **1991년 12월:** 워렌과 스트로마 비티(스코틀랜드) 내한.

📖 **1992년:** 데니스 레인, 제12회 강해 설교 세미나 개설. 1월 20~24일(초급), 27~31일(중급)반.

📖 **1993년:** 노봉린과 앨마로, 1993년경 또는 이전 시기에 개설. 한국 필드로 들어와 ACTS(아시아 연합 신학 대학원) 사역.

📖 **1993년 2월:**
- 블랙, 안식년에서 돌아와 덕림 아파트로 이사.
- 1~5일과 8~12일까지 초급과정과 중급과정의 데니스 레인 제13회

강해 설교 세미나가 두란노서원에서 개최됨.

– 데니스 레인의 선교 세미나(온누리교회와 GMF 주관). 주제는 '선교 단체의 운영과 선교사 관리'.

1993년 8월: 세실리, 미국 사우스캐롤라이나 주의 컬럼비아 성서 신학교 수학.

1993년 9월 9일~12월 2일: 윌리 블랙, 강해 설교 세미나(부산 두란노서원) 개최.

1993년 말~1994년 초: 캘빈과 조이스 마(호주) 내한. 캘빈, CMF에서 성경을 가르치고 간사 훈련과 동원을 도움, 시니어 이후 한국 필드 대표 엮임. 조이스, 재정을 담당하고 여성 및 중학생 성경 공부 소그룹을 인도.

1994년: 히데타카와 마사요 이시다 가족(시호, 아리에-한국 출생) 내한. 양양에서는 대학생 사역. 후에는 부산 경동대학교의 IVF, CCC, DFC, 연합 모임 섬김.

1994년 1월 17~21일, 24~27일: 제14회 데니스 레인 강해 설교 세미나(온누리교회와 광주 사랑의 집에서 초급반과 중급반) 개설.

1994년 6월: 세실리, 안식년에서 돌아와 고신 총회 기독교 교육 교재 개발에 참여.

1995년:
– 크리스티 밀리건 입국. 클라스 하우징거와 필드 회계 맡음.
– 1999년 10월 2일자로 안식년을 미국에서 보내게 됨.

1996년: 제이미 김 내한.

1996년 7월:
- 윌리 블랙, 타이완에서 컨퍼런스 강의 도중 심장마비로 쓰러짐.
- 윌리와 케이티 블랙, 본국으로 돌아감.

1996년 8월: 세실리, 서울 화곡동 소재 아파트로 돌아왔으나 복합 골수종 진단. 12월 치료 위해 호주로 떠남.

1997년:
- 마크와 데비 웬거 입국.
- 셜리 드머천트는 부산에서 사역.
- 워렌과 스트로마 비티(국제 의료 책임자), 싱가포르로 사역지를 옮김.

1997년 3월 12일: OMF 한국 필드의 책임자를 한국인으로 세움.

1997년 3월:
- 김기문이 전체 대표, 클라스 하우징거가 해외 선교 파트의 대표가 됨. 국내 파트의 대표로는 유기남이 임명됨.
- 제이미 김(캐나다). 세계 선교 위한 협력의 장을 만들기 위한 GCOWE '97 섬김

1998년 1월:
- 19~16일 코디네이터 오리엔테이션. 19~22일 동아시아 캠프.

1998년 8월:
- 선교한국 대회에 OMF 국내팀이 부스를 만들고 홍보함.

– 리지와 코니 오어(한국 이름 오례문, 오건희) 광주로 부임.

📖 **1999년:** 이사벨 시어슨, 서울 외국인학교에서 교수 사역을 함.

📖 **1999년 5월 20일:** 한국 실행 분과 위원회, 일본에서 지역 지도자 훈련 워크샵 개최.

📖 **1999년 6월 28일:**
– OMF 한국 본부를 수지로 옮김.
– 크리스티 밀리건 이한. 히데타카와 마사요 이시다 이한.

📖 **1999년 7월:** *Korea Calls* 라는 소식지에 드디어 "북한을 위한 기도"라는 칼럼이 시작됨.

📖 **1999년 9월:** 자넷윤(캐나다 교포), OMF 단기 프로그램인 서브 아시아로 내한.

📖 **1999년 11월 15일:** OMF 한국 필드 30주년 기념행사. 실제 시작일은 1969년 8월 20일.

📖 **1999년 11월:** 미국 대표 댄과 린디 베이컨, 한국 방문하여 필드 컨퍼런스 가짐.

📖 **2000~2003년:** 선교사 수가 네 명으로 줄었고, 2003년에는 두명만 남음.

📖 **2000년 3월 :**
– 3월 앨리슨 헌트(뉴질랜드) 내한.

- 리지와 코니 오어, 안식년으로 출국.

📖 2001년:
- 세실리 모어가 한국에서 25년 사역한 1월 1일 자로 OMF 한국 필드에서 호주 OMF로 공식적으로 적을 옮김.
- 북한 프로젝트를 위하여 북한 기도 소식지를 격월간으로 만듦.

📖 2002년 2월: 북한을 위하여 국제 OMF가 '북한 기도 소책자' 발간.

📖 2002년 6월 27일~7월 4일: 필리핀에서 열리는 NCF 수련회에 15명의 한국 간호사가 참석.

📖 2003년:
- 오어 부부, 서울에서 싱가포르로 거처 옮김.
- 캘빈과 조이스 마, 호주 대표가 되어 이한함.

📖 2004년 7월: 남아 있던 이사벨라 퍼디와 캐롤 핀들레이가 사역을 마치고 모두 출국함으로써 OMF 한국 필드가 끝남.

📖 2005년: OMF 한국 필드의 첫 선교사 팀이었던 마거릿 2005년 초 소천.

CHAPTER 5

필드 책임자들의 회고

MISSIONARIES
WHO LOVED KOREA

1990~1999년의 한국 필드 이야기

로저 시니어(신이영)

1990년대 한국은 매우 활기찬 분위기였다. 1988년 올림픽 경기를 성공적으로 치르고 나서, 나라 전체가 새로운 방식으로 세계를 향하여 눈을 뜨고 있었다. 1990년대에 들어서서 한국 경제는 부상하고 있었고, 교회도 마찬가지로 착실하게 성장하고 있었다. 젊은이들은 떼를 지어 교회로 몰려왔고, 자기들이 할 수 있는 일을 무엇이든지 하여 주님을 섬기려는 열정이 있었다. 이러한 환경 가운데 당시 있던 20명의 OMF 한국 필드 선교사들은 어떤 부분에서 기여를 하고 있었는가?

1990년대 OMF 한국 필드 선교사들은 호주, 캐나다, 일본, 네덜란드, 미국, 영국에서 와서 활발하게 활동하고 있었다. 그들은 서울, 부산, 대구, 광주, 마산, 강릉, 양양, 춘천 등 전국에 흩어져 있었다. 나는 당시 한국 필드 책임자로서 우리 선교사들이 사역하고 있는 지역을 두루 다니며 그들의 사역을 격려할 수 있었다. 그것은 매우 특별한 기쁨이었다. 이 외에 중국 북동부의 연변에서 한국인 공동체와 연합하여 일하고 있는 OMF 관련 사역자들도 나의 책임 아래에 있었다. 이 사역은 당시 한국 OMF가 어떻게 북한 사역에 개입하여 준비할 수 있는지를 살펴보는 단계였다.

한국 필드 선교사들이 당시 관여하고 있던 중점 사역을 정리해 보면 크게 전도와 제자 훈련, 지도자 훈련, 그리고 선교 동원 등 이렇게 세 가지로 나눌 수 있겠다.

1. 전도

전도의 일환으로 사용하던 방법은 영어 교습과 영어 성경 공부였다. 대여섯 선교사들이 이 방법으로 학생들과 젊은 청년들에게 다가갔다. 어떤 사람은 영어 학원이나 학교에서 가르치기도 했지만 대부분은 비공식적인 소그룹으로 모이는 방법을 택하였다. 1990년대까지만 해도 사람들은 아직 복음에 마음이 열려 있어서 예수 그리스도의 기쁜 소식에 바로 반응하였다.

1990년대 초기, OMF 국제 본부는 도시 빈민들에게 다가가서 그리스도의 긍휼을 보이며, 통합적인 접근 방식으로 복음의 진리를 나타내는 사역을 특별히 강조하였다. OMF 한국 필드는 서울과 마산에서는 공장 노동자들과 거리의 여인들 대상의 사역, 부산에서는 약간의 의료 사역에 관여하였다.

모든 OMF 한국 필드 선교사들은 소그룹, 멘토링, 목회 상담 등을 통한 제자 훈련을 중요하게 여기고 있었다. 이러한 제자 훈련 사역을 돕는 사역의 일환으로 OMF 선교사들은 《생명의 삶(두란노)》이나 《매일성경(성서유니온)》 원고를 집필했고, 이 책들은 성도들 안에 매우 폭넓게 배포되었다.

2. 지도자 훈련

OMF 선교사 중에는 목회 사역이나 교회 개척을 한 멤버도 있었지만 거의 대부분은 지도자 훈련에 관여하고 있었다. 특별히 목회자, 전도사, 주일 학교 교사, 청년회 리더들과 같은 교회의 일꾼들을 주로 섬겼다. 어떤 멤버들은 신학교에서 가르치기도 하였다. 또 OMF는 IVF, 성서유니온, 의료 선교회, 기독 간호사 협회 등 선교 단체의 간사나 지도자의 훈련에 협력하였다.

데니스 레인의 강해 설교 세미나의 후속 사역으로 OMF 선교사들은 여러 지방에서 목사와 신학생들에게 강해 설교가 뿌리내리도록 도왔다. 사람들은 이 사역에 대해서 매우 감사했고 OMF는 이 일로 많은 성도들에게 영향을 끼칠 수 있었다.

3. 선교 동원

한국 교회는 1990년대에 들면서 그 성장이 제자리에 머물기는 했지만 그래도 선교에 대한 헌신도는 높아 가고 있었다. 250개 정도 되는 한국의 신학교나 성경 학교 졸업생들 중 많은 사람들이 자기들의 사역을 해외에서 찾고 있었다. OMF 선교사들은 이 젊은이들에게 타 문화 선교를 이해하도록 돕고 파송 교회 교육을 하였으며, 교회나 선교 단체에서 선교 기도회를 하도록 격려하였다. 그에 더하여, 선교사 후보생들을 상담하고 훈련하였으며, GMTC, MTI 등에서 하는 선교사 훈련 프로그램을 도왔다.

OMF는 필드와 홈의 관계를 통해서 한국 선교 운동에 기여를 하였다. 필드는 1980년 초 한국 홈이 설립된 이래로 본부 이사회와 나란히 일을 하다가, 1990년대 초 잠실에 있던 필드 사무실을 강남에 있는 홈 본부로 이전하였다. 이렇게 하여 홈 대표였던 한정국 선교사와 훌륭한 본부 간사들과 함께 매우 긴밀하게 동역을 하게 되었다. 필드와 홈 간의 협력이 나은 특별한 열매가 있었는데, 선교를 장려하는 일을 위해서 필드 선교사들이 본부 직원들과 '오, 극동!' 모임을 했던 일이었다. 우리는 같이 모여서 사람들을 격려하여 선교를 하도록 효과적으로 도왔고 또 즐거움도 함께 나눴다.

1990년이 시작되면서 나는 매우 지혜롭고 헌신적이셨던 김인수 이사장님이 이끄시는 OMF 본부 이사회의 일원이었다. 나와 내 아내의 역할 중에는 OMF 선교사로 지원하는 후보들을 면담하여 주께서 그들을 OMF로 부르셨는지를 확인하도록 돕는 일이 있었다. 이 사역 외에 우리와 다른 OMF 선교사들은 한국 OMF 선교사 후보자들이 선교사로서 준비되는 일을 도왔다. 한국인에게 있어서 국제 단체의 사고방식에 익숙해지는 일은 쉬운 일이 아니었다. 그래서 나는 이 일이 매우 전략적이었다고 믿는다. 1990년대 말 OMF 국제 본부는 한국 대표를 뽑아서 한국에서 파송한 선교사나 한국에서 사역하는 모든 OMF 선교사들을 그 지도 하에 두기로 결정하였다. 그래서 1997년 김기문 선교사가 대표로 선임되었다. 우리도 그 선임에 참여하였다.

'빨리빨리' 일을 하도록 압력을 받는 사회에서 선교사로 사역하던 일은 도전으로 가득하였다. 그렇지만 되돌아보면 주께서 신실한 한국 형제자매들을 많이 만나게 하셔서 얼마나 복된 시간을 보냈는지 모른다. 한국을 떠난 후 몽골에서 사역하기 위하여 나는 런던 바이블 칼리지에서 공부하고 있었다. 그때 한 영국 학생이 나에게 다가와서 말했다. "선교사님은 꼭 한국인 같아요." 그는 내가 한 번도 만난 적이 없는 학생이었다. 나는 그 말을 칭찬으로 들었다. 그리고 내가 함께 일하는 특권을 누렸던 그 한국인들처럼 헌신적이 될 수 있기를 기도한다.

1999~2004년의 한국 필드 이야기

캘빈 마(마금경)

우리는 1999년 3월에 한국에 있는 OMF 팀을 맡아 달라는 초대를 받았다. 당시 우리는 호주 멜버른에서 안식년 중이었기 때문에 그것은 전혀 예상 밖의 일이었다. 1993년 12월 첫 텀을 시작해서 1997년 12월 갔던 첫 안식년을 나의 심장 쇼크 때문에 조금 더 연장하고 있는 중이었다. 치료를 받고 다시 필드로 갈 수 있는 건강이 되기를 기다리는 동안에 그 이야기를 들은 것이었다. 당시 우리 필드 리더였던 로저와 제인 시니어가 그만두고 UK로 돌아간다는 소식도 놀라웠다. 그들은 훌륭한 지도자였고, 우리 팀 멤버들은 모두 선교 경력도 우리보다 많았기 때문에 우리가 그 자리에 합당하다고 여겨지지 않았다. 더구나 우리 주치의는 이번 두 번째 텀에서는 심장 문제도 있고 하니 일을 조금 적게 하라고 충고하였다. 그래서 우리는 두 번 사양하였다. 그런데 세 번째 요청을 받고는 우리에게 필요한 것을 다 그분께 맡기고 비록 리더라는 자리가 우리에게 적합하지 않게 느껴졌지만 필요할 때 팀을 섬겨야 하는 그 자리를 맡아야 되겠다고 생각하였다. 주께서 그렇게 인도하셨다. 그래서 우리가 1999년 이래로 남아 있었던 소수의 한국 팀 리더가 되었다. 그때, 1997년에 OMF 한국 필드의 구조는 전체 대표(National Director) 아래에 필드 대표(DFM: Director for Field Ministries)와 홈 대표(Director of Home Ministries)가 있는 구조였다.

우리가 필드 대표로 섬겼던 1999년에서 2003년을 돌이켜 보면 참 감사하다. 건강도 지켜 주셨고 팀원들은 협조적이었으며 다양한 지도의 책임을 다할 수 있도록 주께서 힘을 주셨다. OMF 내에서 한국 팀은 큰 규모가 아니었다. 1999년 중반에는 멤버가 15명 뿐이었다. 그 숫자도 선교사들이 그만두거나 다른 필드로 가거나 계속 줄고 있었다. 이전에는 우리 팀 멤버들이 전국에 흩어져서 각자의 사역을 하고 있었다. 주로 SU, IVF, NCF, CMF, MTI, 신학교 등을 돕고 있었다. 물론 우리는 어디를 가든지 지역 교회나 그가 속한 교단의 일에 적극적으로 참여하고 있었다.

작은 팀으로서 우리는 진지하게 한국에 계속 남아 있어야 하는지, 그리고 남아서 특정한 사역을 해야 하는지에 대한 아버지의 인도를 구하였다. 2000년 이후로부터는, 주께서 우리 작은 팀에게 이미 하고 있던 사역들에 더하여 당시에 그 자리에서 필요한 분야에 대해서 새롭게 초점을 맞추어 일을 하도록 인도해 주셨다. 이제 2000년대 초 한국 필드에서 하던 사역과 그 영향에 대하여 개괄하고자 한다.

1. 개인적 사역들

각 멤버 선교사들의 독특한 배경과 은사를 따라서, 팀은 선교 기관들 (para-church organizations)의 생명력과 성장에 계속해서 기여하였다. 주일학교 교사 훈련(이사벨라 퍼디), IVF 간사 훈련(리지와 코니 오어, 이시다와 마사요 히데타카, 크리스티 밀리건), 선교사 후보생의 훈련(데이브와 루스 해리슨, 리지와 코니 오어, 캐롤 핀들레이), 신학생 훈련(노봉린과 앨마 로), 간호사 및 간호 학생(캐롤 핀들레이), 그리고 의대, 치의대생 및 의사, 치과 의사 훈련(캘빈과 조이스 마) 등을 하였다. 그리고 또 워렌과 스트로마 비티와 데이브와 루스 해리슨은 교회 사역에 깊이 관여하고 있었다. 완전히 영어 교사로서 일한 셜리 드머천트와 같은 선교사도 있었다.

2. 팀 사역

작은 팀이었지만 세 팀이 세 가지 필요한 분야에 집중하여 다음과 같이 사역하였다.

1) 영어교사

이것은 영어를 가르침으로써 학생들에게 다가가려는 노력의 일환으로 적당한 영어 교사들을 동원하여 한국에 오게 하려는 비전이었다. 젊은 이들 사이에 영어를 배우려는 인구가 늘어나는 현상에 대응하려는 것이었다. 그것은 또한 한편으로 많은 크리스천 영어 교사들이 자기 자리를 찾지 못하고 비전과 방향성과 지지를 받지 못하여 자기들의 역할을 제대로 하지 못하고 있다는 의견 때문이었다. 셜리 드머천트가 이 팀의 리더였다. 불행하게도 많이 애를 썼지만 이 프로그램은 성공하지 못하였다. 그러나 이 프로그램을 통해서 영어 교사 한 명이 미국에서 와서 우리 팀원이 되었다. 우리는 그녀에게 한국어 공부를 할 수 있는 학교와 자신의 영적 고향이 되는 교회를 찾아 주었다. 우리의 이런 종류의 지원으로 한 사람이 크리스천 영어 교사로서 자신의 비전을 성취할 수 있도록 해 주었다고 믿는다.

2) 선교 훈련

한국에서 일어나고 있는 선교 운동에 기여하는 비전이었다. 선교사 후보자가 늘어나고 기본적으로 단일 민족인 한국에서 타문화로 가야 하는 선교 지망생들의 당면한 어려움을 덜기 위해서 선교 훈련 기관을 도와야 할 필요가 있는 것을 보게 되었다. 기본적으로 두 군데가 있었는데, 한국어로 전통적인 한국식 교육을 하는 GMTC와, 영어를 사용하면서 다중 문화로 접근하는 MTI(Missionary Training Institute)였다.

한국 필드 선교사들은 오랫동안 이 두 곳의 사역에 관여하였다. 그런데 2000년부터 2003년까지 데이비드와 루스 해리슨 그리고 리지와 코니 오어는 MTI에서 정규적인 훈련을 하는 것에 초점을 두고 사역하였다. 이 MTI는 선교 훈련 기관 중에서 영어만을 사용하여 훈련하는 유일한 기관이었기 때문에 SIM이나 OMF와 같은 국제적인 선교 기관의 후보생들을 받았다. 영어를 배우고 사용해야 하는 일이 결코 쉬운 일이 아니었음에도 불구하고 그곳의 훈련생들은 노련한 선교사들의 모범에서 삶과 타문화 사역에 도움이 되는 많은 것을 배울 수 있었다.

3) 북한 사역

이것은 세계의 외국인들에게 북한과 북한의 필요를 더 알려서 이 나라와 백성들을 위한 세계적인 기도 운동이 일어나게 하자는 비전이었다. 우리가 당시에 한국에서 사역하고 있는 팀이라는 것이 특권으로 느껴졌다. 우리는 북한 소식을 잘 알 수 있었고 북한 주민들의 핍절한 물질적 영적 상태를 채워 주고 있는 여러 한국인과 외국인 NGO와 접촉할 수 있었다.

그래서 북한의 각 문제에 대한 심층 기사를 31일분의 기도 제목으로 실어서 기도 책자를 만들기로 하였다. 이것을 두 달에 한 번씩 출판하기로 하고 창간호를 2001년 11, 12월호로 만들어 배포하였다. 처음에는 OMF 국제 본부에서 15명이 정기구독하였다. 13년이 지난 지금은 2,300명 이상이 여러 언어로 이 소책자를 받아보고 있다. 영어, 한국어, 중국어, 일본어, 인도네시아어, 네덜란드어 그리고 독일어로 발간하고 있다. 또한 현재 북한을 위해서 정기적으로 중보 기도하는 그룹(PG4NK: Prayer Groups for NK)이 15군데가 있는데, 호주, 홍콩, 싱가포르,

일본, 뉴질랜드, 필리핀, 미국, 캐나다, 한국에 흩어져 있다. 이 기도 사역은 새로운 북한 필드가 지금 중점적으로 하고 있는 사역이다.

3. 한국 본부 성립

OMF 한국 필드 팀은 1969년 닥터 피터 패티슨의 지도 아래 시작되었다. 처음부터 줄곧 많은 한국의 형제자매들과 함께 사역하였고, 시간이 지날수록 더욱 많은 사람들이 하나님의 선교에 자신이 개입하고 싶다는 비전에 사로잡혔다. 하나님의 때가 되어 1980년에 한국 본부가 생기고 동아시아의 선교지에 선교사를 파송하기 시작하였다.

처음 OMF 한국 본부가 시작될 당시에는 파송 본부와 필드가 각기 다른 지도자 아래에서 완전히 다른 두 개의 조직으로 운영되고 있었다. 한국 OMF는 싱가포르의 국제 본부(IHQ)의 본국 사역팀 산하에 있었고, 일본 필드의 책임자가 일본과 한국을 함께 감당하고 있었다. 1990년대 초에 로저와 제인 시니어가 첫 필드 대표로 임명되었다. 처음에는 필드와 본부가 각기 다른 곳에 사무실을 가지고 있었다. 필드는 잠실에, 본부는 강남에 있었지만, 로저는 1990년대 중반에 무렵 본부 사무실 멤버들과 관계를 맺고 또 당시 한국 본부 대표였던 한정국 선교사를 돕기 위하여 본부 사무실에도 책상을 놓고 될 수 있는 대로 많은 시간을 함께 하려고 노력하였다. 두 리더는 서로 마음이 맞아 잘 지냈다. 서울에 살던 필드 멤버들은 매달 사랑의 교회에서 열리던 OMF 기도회에 참석하였고, 본부에서 후보자 오리엔테이션 코스를 할 때 도왔다.

1997년에 본국 국가 대표(National Director) 조직으로 바뀌면서 필드 대표였던 로저가 공식적으로 한국 사무실에 책상을 놓고 전국 대표 아래에서 일하게 되었다. 이 사무실은 1999년 6월 수지로 이전하였는데, 이 무렵 로저가 사임을 하게 되었다. 우리는 1999년 8월 필드 사역의 대표로 일을 시작하였다. 2000년 7월 전국 대표가 사임하고 다음 대표가 선임되었다. 그러나 새로 선임된 대표는 지속되고 있는 선교지의 일을 바로 그만둘 수가 없어서 선교지와 한국을 교대로 다니다가 2002년 중엽에야 정식으로 완전히 한국으로 자리를 옮겨 대표로서 사역하게 되었다. 그 사이에 나는 필드 대표의 역할과 함께 전국 대표가 선교지에 있을 때는 그와 가까이 연락하면서 임시로 대표대리로 일해 달라는 요청을 받았다. 차기 대표가 한국에 자주 오기는 했지만 날마다 해야 하는 사무실 운영과 사무실 스태프들, 한국 선교사 후보들과 이미 있는 선교사들의 일들은 모두 사무실 안에서 해결해야 하는 일로 남아 있었다.

본부에서 감당해야 할 일들이 계속 많아지자, 우리 필드 선교사들은 전원이 본부 사역에 동원되었다. 한국 이사회나 다양한 선교 위원회에 적극적으로 참여하였다. 그들은 한국 스태프의 오리엔테이션과 훈련을 도왔고 그들의 영어 소통을 도왔다. 필드 선교사들은 모두 각자 새로운 선교사들의 오리엔테이션, 후보자 면담, 본국 사역자들의 사역 보고, 그리고 선교 과목과 영어 교습 등의 훈련 코스를 돕는 역할들을 하였다. 필드와 본부가 한 팀으로 함께 일하는 것이나, 필드 사역자들과 현지 스태프가 한 가족으로서 섬기는 것은 참 보기 좋은 일이었다.

2002년 중엽, 대표가 완전히 한국으로 돌아와 OMF 한국 사무실에서 대표의 일을 전적으로 하게 되었다. 한국 필드 선교사들도 차차로 줄어들었고, 결국은 2004년 말에 공식적으로 필드 사역을 종료하게 되었다. 1969년에 시작된 OMF 한국 필드는 그렇게 그 사역을 마감하였다. 그런데 2004년에 호주의 한 부부가 필드에 들어왔다. 알렉스와 트레이시 뱅크스는 OMF 한국 본부 아래로 이전하여 사역하도록 하였다. 그들은2014년 아직도 한국의 한 대학에서 영어를 가르치며 선교 동원을 하고 있다.

4. 결론

OMF의 이름으로 모두 해서 약 46명 되었던 외국인 타 문화 선교사들의 한국 사역은 35년 정도밖에 지속되지 않았다. 그렇지만 그것은 주님께서 김진경과 피터 패티슨의 삶 속에서 시작하신 주님의 사역이었다. 그분께서는 그 후에도 영국과 그 외 다른 나라에서 발전해 가고 있는 한국 교회 곁에서 사역하도록 사역자들을 준비시켜 부르셨다. 한국 교회를 섬기던 그들의 노력을 통해서, 주님은 많은 개인의 삶을 믿는 자, 제자, 종 그리고 타 문화 사역자가 되도록 축복하셨다. 한국 필드의 선교사들의 삶과 사역을 추적해 볼 때, 그분께서 바로 그 특정한 시기에 경건한 지도력과 한국 사회와 교회의 필요에 부합하는 경건한 리더십과 특정한 분야에 뛰어난 사역자들을 보내 주셨음을 알 수 있다. 그분은 과연 여호와 닛시—주님은 나의 깃발—로서, 당신의 사역이 한반도와 그 너머에서 많은 열매를 맺도록 길을 여시고 인도하셨다. 그분께서 계속해서 한국 성도들을 일으키셔서 땅끝까지 그분의 이름을 영화롭게 하도록 기도드린다.

내가 내 교회를 세우리라

OMF 국제 본부 ┃ 2014년

CIM이 1950년대 초 중국을 떠났을 때, 하나님의 목적을 가장 효과적으로 섬길 수 있는 다른 장소가 어디인지에 대해서 많은 기도와 논의가 있었다. 당시 한국은 한창 전쟁 중이었는데, 내전으로 시작했다가 세계 각국이 참여하는 전쟁으로 확대되어 있었다. 그래서 선교회의 사역지로서 고려 대상이 아니었다. 전쟁이 끝났던 1954년의 조사에서도 OMF의 자원을 더 시급히 필요로 하는 미전도 지역이 한국 외에도 많다는 결론이었다. 그런데 약 10여 년이 지난 후, 상황이 바뀌었다.

주님이 확실히 '아니다.'라고 하는 것이 어떤 때는 '아직 아니다.'인 경우가 있다. 중국에서 탈출하여 갓 태어난 OMF가 한국에 선교사를 보낼지 말지를 결정할 때 바로 그러하였다. 1951년과 1954년에 한국이 OMF의 사역지에서 제외된 데는 마땅한 이유가 있었다. 동아시아에 복음이 전해지지 않은 곳이 너무 많았기 때문이었다. 또 당시 한국에는 이미 다른 선교 단체가 들어와서 사역하고 있었다. OMF는 다른 이가 닦아 놓은 터 위에서 모방하거나 경쟁하기를 원하지 않았다.

그런데 1965년, 국제 이사회가 선교회에 아시아인 지원자를 받아들일 때가 되었다고 결정하였을 때, 맨 처음 지원한 사람은 한국인인 김의환 목사 부부였다. 그들은 당시 미국에서 공부하고 있었기 때문에 미국에서 허입되었는데, 한국에서 인터뷰할 수 있는 구조가 없었기 때문이었다. 그렇기는 해도, 그들이 선교지에 나가기 전에 한국의 교회와 다시 연결되는 일은 매우 중요하였다. 그래서 그들은 희망하던 일본 선교사로

가기 위한 준비를 하기 위하여 한국으로 돌아갔다. 그런데 일본에서는 비자를 내주지 않았다. 몇 년 동안 한국에 있다가 김의환은 결국 미국으로 돌아와 한인 교회를 목회하게 되었다. 그 가운데서도 그들은 사건의 추이에 중요한 연결 고리 역할을 하였다.

김의환의 지원서로 인해서 선교회에 다시 한국을 사역지로 고려하는 문제가 제기되었다. 곧 총재로 부임하게 될 마이클 그리피스, 당시 해외 담당이었던 아놀드 리가 조사차 내한하였다. 한국에서 제일 규모가 큰 장로교회 두 군데에서 OMF 선교사를 환영한다고 하였다. 특히 청년 사역과 문서 사역의 도움을 요청하였다. 선교회의 지도부는 한국 교회의 필요에 맞는 인물을 주께서 보내주실 것이라고 믿기로 하였다.

거의 비슷한 시기에, 영국 본부에서 한국에 선교사를 배치할 수 있느냐는 문의가 들어왔다. 두 가정과 한 아가씨가 지원하고 있었다. 한 부부는 피터와 오드리 패티슨이었는데, 그들은 이미 한국에서 아동 구제 기금을 통하여 결핵 환자를 돌보는 병원에서 2년 동안 일한 경력이 있었다. 그들은 주께서 다시 한국에 돌아가기를 원하시는데 이번에는 OMF에 소속하여 팀의 일원으로 오는 것이 좋겠다고 생각한 것이었다. 그들은 다른 부부인 존과 캐슬린 월리스, 그리고 싱글인 마거릿 로버트슨과 이미 서로 알고 있었다. 그 다섯 명은 모두 주님이 그들을 한국으로 부르고 계시며 OMF 소속으로 가는 것에 대해서 확신하고 있었다. 틀림없이 이것은 하나님의 확인에 틀림없었다.

1969년 그 다섯 명의 신임 선교사들은 함께 한국에 도착하였다. 그곳에는 김의환이 기다리고 있었다. 그는 일본에 가지 못하게 된 것에 대해서 매우 실망하였지만 이 새로운 팀이 한국에서 한국어를 공부하고 필요한 사역을 찾아서 하는 과정에서 말할 수 없이 귀중한 도움을 줄 수 있었다. 김의환이 OMF와 연결이 되고 예기치 않게 한국에 있게 되었던 일은 사랑의 하나님께서 주권적으로 역사하고 계신다는 증거였다. 첫 OMF 팀이 한국에 도착했을 때, 김의환은 서울에 있는 신학교의 교수였다. 그는 즉시로 자기 학생들 그룹을 소개해 주었다.

이 학생들이 OMF 팀을 한국 교회에 연결시켜준 안내자들이었다. 몇 년 후, 피터 패티슨은 이렇게 기록하였다. "우리는 신학생들 중에서 진정한 친구들을 만났다. 그들은 매우 따뜻했고 열정이 있었으며 신학적 지식이 깊었고, 또 학생들(특히 신학생들)은 어디에서나 마찬가지이지만 교리에 대한 관심이 지대하였다. 그럼에도 불구하고 무엇보다도 하나님의 말씀을 중심으로 매일 개인적으로 가지는 경건 생활이 놀랄 정도로 부족하였다."

당시 한국 교회의 전반적인 상황도 마찬가지였다. 새벽 기도회가 매일 경건회의 지배적인 형태였다. 주로 나이가 든 신자들이 참석했는데, 젊은 성도들은 가뭄에 콩 나듯이 참석할 뿐이었고 그것의 자리를 대신하는 것은 아무것도 없었다. "강단에서 성경 읽기를 자주 강조하는데, 살아 계신 하나님과의 교제의 방편으로라기보다 종교적인 의무인 경우가 많았다."

다섯 명의 첫 OMF 팀은 모두 영국 SU(성서유니온)에서 어린이와 젊은이 대상의 사역과 그들을 위한 문서 사역을 해본 적이 있었다. 그중에서도 특히 SU의 성경 읽기 시스템은 그들 모두에게 있어서 이제껏 각자의 개인적인 성경 공부와 기도 생활을 형성해 온 방법이었다. 몇 년 전에 한 호주 부부가 한국에서 SU 사역을 시작하려고 시도한 적이 있었는데 건강상의 이유로 바로 본국으로 간 일이 있었다. 그래도 그들은 한국의 학생 사역 지도자들과 자기들의 비전을 나누었다. 그 지도자 중 한 명은 이미 매일 성경 노트를 만들어서 학생들 사이에서 사용하고 있었다. 그는 이 새로 온 OMF 선교사들을 만나자 한국에 SU를 세워 그 사역을 교회와 젊은이들에게 도입하면 매우 도움이 될 것이라고 말하였다.

그 이후 몇 년간, OMF 팀의 한국 사역 목표는 개인적으로 성경을 읽고 묵상하는 일, 교회 모임에서 배우고 있는 진리들을 각 신자의 삶에 적용하여 내면화하는 제자 훈련에 초점을 맞추었다. 패티슨은 국립 마산병원의 일을 계속하면서 그 일을 하였다. 점차적으로 많은 한국 학생들과 교회 성도들은 개인적인 성경 공부와 기도를 하면서 하나님께서 그 시간에 자기에게 말씀해 주실 것을 기대하게 되었는데, 그렇게 함으로써 우리 하나님 아버지께 직접 나가는 일이 어떤 의미인지를 더 깊이 발견하였다. 더 많은 선교사들이 팀에 합류하여 더 많은 도시의 교회들과 학생 그룹들과 사역하게 되었다.

그들이 교회 지도자들의 신뢰를 얻게 되면서, 목사들은 성도들의 매일의 삶에 부합하는 설교를 위해서 도움을 요청하였다. 안수받은 장로교 목사였던 윌리(& 케이티) 블랙이 그 사역을 위해서 스코틀랜드에서 왔으며, 그들은 한국 목사들의 따뜻한 환영을 받았다. 한때는 한 주에 열 개의 소그룹을 인도하면서 100여 명의 목사들을 만나 설교 준비를 돕기도 하였다. 호주의 세실리 모어 외에 OMF의 다른 사역자들도 학생 사역을 도왔다.

OMF는 주로 개척 전도와 교회 개척에 초점을 맞추어 일해 왔지만 한국에서는 달랐다. 교회는 비록 많이 분열하는 경향이 있기는 했어도 이미 잘 세워져 있었다. 한국에서의 OMF 사역은 직접 복음을 전하기보다는 배후에서 섬기는 일이었다. 목표는 언제나 이미 그곳에 세워진 교회를 섬기되 사역과 조직이 갖추어질 때 한국인이 그 주도권을 갖도록 하는 것이었다. SU가 공식적으로 한국에 세워질 때 처음부터 한국인인 윤종하가 이끌었다. 초교파적인 사역을 진행하는 일은 쉽지 않았다. 왜냐하면 한국 교단들은 대부분 각자 운영하는 것을 선호했기 때문이었다. 그러나 SU와 학생 사역은 교파의 경계를 뛰어넘는 협력의 중요성과 축복의 모델이 되었다. 교회 지도자들은 SU가 그들과 경쟁하는 것이 아니라 지원하고 있음을 본 것이었다.

1980년대, 한국 교회들은 세계 선교를 진지하게 받아들이기 시작하였다. 오늘날 한국은 세계적으로 선교 운동이 대규모로 일어나고 있는 나라 중 하나이다. 많은 한국 선교사들이 세계에서 가장 힘든 지역들로 가려고 하고 있고 단순하게 사는 삶을 꺼리지 않는다. 한국 교회 지도자들의 요청으로, 1980년에 OMF 국제 본부는 한국 이사회를 세웠다, 그것은 곧 한국 사무실이 되었다. 선교회에 들어오려는 사람들을 돕기 위해서, 영어가 모국어인 선교사들이 선교사들에게 선교회의 공식 언어인 영어를 습득할 수 있도록 도와주었고 타 문화 적응 훈련도 하였다. 한국은 단일 언어에 단일 문화여서 타 문화 적응 훈련은 매우 필요한 분야였다. 다른 해외 교포들이 가족들이 이민을 갔던 호주, 북미, 유럽에서 와서 선교회는 더욱 다양하게 되었다. 한국 디아스포라 교회들도 한국이 그리스도를 위해서 세계로 나가고 싶다는 소원에 함께 동참하였다.

1980년 이래로 OMF에는 한국 선교사들이 많이 들어왔다. 그들은 대부분 어려운 사역 환경에서 살고 있는데, 서양인은 더 이상 환영 받지 못하는 지역에도 들어갈 수 있다. 많은 한국 동역자들은 한국에서 OMF가 했던 SU나 다른 사역들을 통해서 하나님과 하나님의 말씀에 대한 사랑이 풍성해졌다고 고백한다. 그 초기 팀이 시작한 하나님의 사역이 지속적으로 열매를 맺은 것이다.

2004년까지 OMF의 외국인 선교사들에게는 한국에서의 사역이 끝난 것으로 보였다. 주님의 '아니다.'가 '아직'이었다가 '지금이다.'였는데 이제는 '너의 역할은 끝났다.'가 된 것이었다. 아니, 이야기가 완전히 끝난 것은 아니다. 왜냐하면 세계의 많은 다른 네트워크와 함께 OMF는 한반도 전체를 위해서 마음을 쏟아서 기도하고 있기 때문이다. 우리가 더 이상 갈 수 없는 곳에, 아니 우리의 사역이 끝나기는 했어도, 기도의 사역은 남아 있다. 하나님께는, 국경이 없기 때문이다.

CHAPTER 6

필드 선교사 개인의 이야기

MISSIONARIES
WHO LOVED KOREA

피터 & 오드리 패티슨

(영국, Dr. Peter & Mrs. Audrey Pattisson, 1966~1982)
(Margie, David, Peter, Joy)

1960년 케임브리지 의대생일 때 영국에 유학 온 김진경 교수(평양 과학 기술 대학교 총장)로 인해 한국 선교사로서의 부르심을 1961년 확인 한 후, 1966년 아동 구제 기금이라는 기관을 통해서 마산 가포에 와서 국립 마산 병원에서 일하였다. 그 후 1969년에 OMF 선교사로 한국에 와서 한국 체재 15년 동안 계속 마산에서 살면서 국립 마산 병원 아동 결핵 병동에서 파트타임으로 일하였다. 아이 넷을 전부 부산에서 낳았다. 남해안을 두루 다니며 병원 사역을 하였고, 교회에서 설교하고 젊은이 사역을 하였다.

한국성서유니온, 한국누가회(의료 선교회), 한국 OMF 이사회의 설립을 도왔고 첫 강해 설교 세미나를 할 수 있도록 도왔다. 한국 사역을 하면서 느꼈던 것을 저서 *Crisis Unawares*에 솔직하게 표현하였다. 1981

패티슨 가족

년 홍콩에서 발간된 이 책에 일부 한국 교회의 신앙 형태를 비판한 내용이 실려 있어서 패티슨은 어려움을 겪었다. 1982년 국립 마산 병원 사역을 마치고 싱가포르, 홍콩을 거쳐 1987년 본국인 영국으로 돌아갔지만, 지속적으로 한국의 선교 사역을 위해서 방문 강의를 하였다.

🖋 마거릿 로버트슨 (영국, Margaret Robertson)

1969년 패티슨과 월리스 가족과 함께 내한 하였다. 얼마 후 스티븐 리(이중수)와 결혼하여 OMF를 사임했지만 계속 사역에 참여하며 딘 가족과 교제를 나누고 한국어 학습에 도움을 주는 등, OMF 선교사들을 격려하였다. 영국으로 돌아가 살았고, 아들 조나단이 있다. 마거릿은 2005년 암으로 세상을 떠났다.

🖋 존 & 캐슬린 월리스
(영국, Rev. John & Mrs. Kathleen Wallis, 1969~1974)

월리스 부부의 한국 방문

본인의 글
옥스퍼드(역사와 신학 전공)를 졸업하고 주의 부르심이 있어서 사역

훈련을 하고 안수를 받았다. 브리스톨에 있는 현재 트리니티 대학에서 복음 사역자로 훈련을 받았는데, 그때 그곳에 한국인이 많았다. 그곳에 유학 왔던 김진경 박사(James Kim, 현 평양 과학 기술 대학교 총장) 집에 1968년 방문하고 우리는 김 박사와 평생 친구가 되었으며, 그를 통하여 주께서 우리를 한국으로 부르신다는 확신을 갖게 되었다.

1969년 우리는 OMF의 첫 개척 팀으로 한국에 왔다. 한국에서 세 번째 자녀를 낳았다. 서울에서 언어를 배운 후 윤종하(SU 초대 총무)와 함께 SU를 설립하여 처음 몇년 간 사역이 자리를 잡을 때까지 이사장으로서 역할을 하였다.

캐슬린은 교사였고, 우리는 함께 오랫동안 영국 SU에서 자원봉사를 했기 때문에 매일 성경을 읽고 기도하는 경건의 시간을 갖는 일과 어린이 · 청소년에게 복음을 전하는 일이 얼마나 중요한지에 대해서 잘 알고 있었다.

1972년 전라남도 순천에서 살면서 우리 아이들도 그곳에 있던 작은 외국인 학교에 다녔고 전라남도 전역을 다니며 교회마다 SU의 자료들을 보급하였다. 우리가 한국에서 섬겼던 기간은 5년밖에 되지 않았지만 SU 사역이 잘 시작되고 있었고 한국 중에서 전라남도 지역에 SU 사역을 소개하는 일에 쓰임을 받았다는 기쁨이 가슴속에 있어서 찬송할 수 있었다.

1974년 캐슬린이 급하게 수술해야 할 일이 있어서 본국으로 돌아왔지만, 가끔씩 한국을 방문하여 강의를 하였다. 2005년 SU 직원 연례 이사회에 참석한 것이 마지막 방문이었다. 캐슬린은 다섯 명의 자녀를 기르는 데 집중하였다.

세실리 모어
(호주, 모신희, Cecily Moar, 1974~1999. 12. 31.)

세실리 모어

1974년 8월 루이스 가족과 같은 시기에 내한하여, 서울 명도원에서 2년간 한국어를 배운 후 SU의 권춘자 간사와 부산으로 이사하였다. 삼일교회 대학부 사역을 하였다. 권 간사와 SU 사역을 도우며 YWCA, 복음병원 간호대학, 이사벨 여고 등에서 성경 공부를 인도하였고 후에는 고신대학교에서 영어

교수, 1990~1996년까지 고신대학교 기독교교육학과의 협동 선교사로 일하였다. OMF 한국 필드 언어 고문으로 활동하였다. 1996년 호주로 돌아와 지병의 치료를 받았으나 장기로는 다시 돌아가지 못했다. 한국에서 25년 사역한 세실리 모어는 2000년 1월 1일자로 한국 OMF에서 호주 OMF로 적을 공식적으로 옮겼다. 호주 본부에서 기도 동원 사역을 하였다. 언제나 한국인이 그 마음에 있어서 한인 교회의 청년 영어 예배를 인도하였으며, 시드니 목회자 사모 성경 공부를 인도하였다. 현재 은퇴하여 브리즈번에 살고 있으면서 여전히 한국인들의 신앙과 삶을 돕고 있다.

본인의 글

나는 열 살 때 처음 한국에 대해서 이야기를 들었다. 전쟁 후에 호주 선교사가 부산에 일신 병원을 세워서 의사와 간호사로 봉사했던 이야기였다. 나는 그날 모든 사람들에게 내가 한국에 간호 선교사로 갈 것이라고 말하였다. 20년이 걸리기는 했지만, 하나님께서는 결국 내가 간호 학교와 성경 학교를 나와서 OMF 선교사가 되게 하셨다. 1974년 마침내 한국에 도착할 수 있어서 얼마나 기뻤는지 모른다.

서울에서 언어를 공부한 후에 부산으로 임지가 정해져서 성서유니온의 권춘자 간사를 도와서 사역하였다. 간사님과의 우정 속에서 많은 것을 배우고 후에 하는 사역의 기초를 든든히 할 수 있었던 일이 얼마나 감사한지 모르겠다. 우리는 성서유니온 방식의, 매일 성경으로 묵상하며 나누는 소그룹 활동을 주로 했고 교회마다 다니며 날마다 개인적으로 성경을 읽고 기도하는 큐티를 소개하였다. 내가 한국에서 주로 했던 사역은 소그룹 성경 공부였다. 그 일은 내가 개인적으로 다른 사람들을 위해서 준비하면서 오히려 나 자신이 영적으로 자랄 수 있었기 때문에 매우 감사했다. 나는 삼일교회에 다니며 주로 대학부와 사역했고 다른 소그룹도 인도하였다.

안식년 후에 고신대학교에서 2년 동안 영어 회화를 가르쳤는데, 그 다음 해부터 고신대학교 기독교교육과에서 협동 선교사로 일하였다. 1994년도에 서울로 이사 와서 기독교 교육학과의 사역을 계속하였다. 서울에서는 잠실 중앙교회, 성서유니온, 한국 OMF 사역에 참여하였다.

하나님께서 나를 한국으로 인도해 주신 것이 매우 감사하다. 그분이 신실하셨기 때문에 사역을 할 수 있었다. 그리고 너무도 좋은 한국 친구들, 같은 동료 선교사 친구들 모두 하나님께서 주신 커다란 축복이었다.

로버트(존) & 크리스틴 루이스

(영국, Robert and Christin Lewis, 1974~1978)
(Alun, Anwen)

존과 크리스틴 루이스

서울에서 2년간 한국어를 배운 후 대구로 가서 교회 사역을 하고 SU를 도왔다. 1978년 안식년으로 돌아가 돌아오지 않았다.

본인의 글

현재 정부 통역사, 교회 사역 등으로 바쁘게 지내고 있다.

크리스틴과 나는 1974년 8월에서 1978년 6월까지 한국 OMF 선교사로 있었다. 서울에서 2년간 한국어를 배웠고, 나머지 2년은 대구에 있었다. 고신 교단이 초대해서 왔기 때문에 주로 그쪽에서 일하였다.

OMF 팀 안에서는 다른 일보다 문서 사역의 책임을 맡아서 하였다. 한국 성도들이 선교의 일에 부르시는 하나님의 부르심을 생각해 보도록 돕는 자료를 출판하도록 격려하였다. 당시 많은 한국인들이 일본과 미국에 교회를 개척하면서 아시아의 다른 지역에는 거의 가지 않았다. 나는 타 문화 선교를 하는 아시아 기독교인들의 사역을 슬라이드로 만들어서 보여 주었다. 윤종하 총무와 이중수 씨를 도와 아시아의 다른 지역에서 선교하는 상황을 위해 기도할 수 있도록 자료를 만들기 시작하였다. 우리는 그것을 '아시아 기도'라고 불렀다. 처음에는 종이 한 장에 양면으로 인쇄하여 선교 전반의 이야기를 실었다. 물론 후에는 한국 OMF 소책자 《동아시아기도》로 발전하여 현재까지 발간되는 것으로 알고 있다. 나는 또한 개혁주의 신앙 협회에서 미국의 OPC와 PCA 교단 선교사들과 협력하여 개혁주의적인 입장의 책을 한국어로 출간하는 것을 도왔는데 그 책은 매우 가치가 있었다.

존과 크리스틴 루이스 가족

우리는 대구에서 경상북도 전역을 위해서 OMF의 일을 하였다. 학교나 교회에서 한국어로 강의하고 설교하며, 늘 소책자와 성경 읽기에 도움이 되는 책들(SU의 매일 성경 등)을 들고 다니며 사람들이 스스로 성경을 읽고 삶에 적용하도록 권하고 가르쳤다. 수련회 같은 곳에서나 서대구교회, 개명교회에서 학생 성경 공부 그룹을 인도하였다.

크리스틴은 어린 아기가 둘이 있어서 돌보는 일에 대부분의 시간을 할애하였다. 그러나 한국어를 공부하는 한편 집 밖에서는 언제나 한국어로 대화를 나누었다.

우리의 신앙 배경을 소개하자면 다음과 같다.

크리스틴:

1. 런던 출신, 성공회와 침례교 배경. 센스턴 사범 대학(현재는 버밍엄 대학교에 편입됨)에서 교사가 되는 훈련 을 받음. 올네이션스 칼리지에서 수학.

2. 허드슨 테일러의 전기를 읽고 OMF로 부르심을 받음. 나라에 대해서는 나의 부르심에 따라야 한다고 생각.

3. 당시 OMF가 부인도 독립된 선교사로서 사역해야 한다고 하는 것이 가족 중심의 견해가 아니라고 느끼고 있었다. CIM의 배경을 이해하기 위해 페이스 쿡(Faith Cook)의 *Troubled Journey*를 보시오.

존:

1. 웨일스 장로 교회 – 칼빈파 감리교로 불리게 된 웨일스 교파에서 성장. 더럼 대학교에서 프랑어, 독일어 전공. 올네이션스 칼리지에서 수학.

2. 선교를 훈련하는 대학에서 교회 성장을 배우면서 선교사가 되려는 생각을 했다. 한국 기독교인들이 외국, 특히 동아시아의 다른 나라에 선교사로 나가도록 하고 싶었다.

한국에서 하나님을 섬기던 일은 비록 4년이라는 짧은 기간이었지만 우리에게 특권이었다. 그 후로 이곳 브리젠드(Bridgend) 웨일스 복음 신학교(Wales Evangelical School of Theology)에 공부하러 오는 많은 한국인을 만나는 계기가 되었다. 한국에서 태어난 우리 딸은 그 학교에 10년 가까이 직원(registrar)으로 있었다.

🖋 노먼 & 메이비스 블레이크
(호주/미국, Norman & Mavis Blake)
(Paul)

OMF 멤버로서 FEBC(극동방송국)에 파견되어 제주도에서 기독교 방송을 중국에 보내는 일을 하였다. 괌 섬(Guam)으로 극동방송국을 설치하러 가기도 하였다.

노만과 메이비스 블레이크

🖋 대프니 로버츠
(호주, Deaphne Roberts, 1975~1979, 1980년 9월 입국)

말레이시아와 싱가포르 OMF에서 일한 적이 있었다. 1975년 닉과 캐서린 딘 가족과 같은 시기에 내한하였다. 서울에서 한국어를 배우면서 SU와 IVF 사역 양쪽을 도왔다. 1979년 안식년을 갔다가 독립 선교사로 다시 돌아온 후 한국 IVF 사역에 깊이 관여하였다.

대프니 로버츠

대프니 자신이 보내온 약력은 다음과 같다

1959년   10월 동아시아에서 CIM/OMF 단기 사역

1960~72   말레이시아 OMF

1972~74   OMF 싱가포르 국제 본부

1975   내한(이때 비자 변경 가능했기 때문)

1976~77   한국어 배움

1978   IVF 졸업생 모임(Graduates' Christian Fellowship)을 통해서 한
             국 IVF와 관련을 맺게 됨. 서울대학교에서 영어 성경 공부. 명도원에
             서 한국인, 외국인, 교사들에게 영어 가르침.

1979년   IVF 수련회. 서울대, 연세대학교 영어 성경 공부, IVF 간사 모임 참
             석, (당시 간사: 송인규, 총무: 고직한), 함께 일하자는 요청을 받음.

1979년 9월   안식년

1980년 9월   다시 돌아와 IVF 전임 사역. 서울과 춘천을 오가며 간사 훈련, 수양
             회 강사, 송인규 총무와 교사 선교회 설립 도움. 그 후 주로 이 두 가
             지 사역을 하였음.

🎵 닉 & 캐서린 딘
(영국, Nic & Kathryn Deane, 임익선, 임경혜 1975. 9.~1989. 3.)
(Peter, Matthew, David, Philip, Andrew)

닉 딘은 수학 전공자며, 영국에서 3년간 목회 경험을 하였다. 1975
년 9월 도착하여 2년간 서울에서 언어 공부를 하고 부산 대청교회로 와
서 청년부 일을 도왔다. SU와 강해 설교 사역을 하였다. 1985년 광주로
이사하여 현지 교회 다니면서 신학교에서 가르치고 SU 사역을 도왔다.

1989년 2월 한국을 떠났고, 2012년 SU 40주년 기념식에 초대 손님으로 내한하였다.

본인의 글

영국에서 내가 처음으로 예수님을 알고 싶어 하자 누군가 나에게 성서유니온의 매일 성경을 따라서 날마다 성경을 읽도록 지도해 주었다. 그로부터 6개월 후인 1965년 3월 하순 무렵 그리스도가 그분의 말씀을 통해서 나에게 실제로 다가오셨다. 캐서린의 아버지인 조지 스토레이 목사님은 김진경과 피터 패티슨과 친하였다. 그래서 내가 1972년 아크링턴에 그분의 부목사로 갔을 때 그들을 만났고, 그들은 존 윌리스와 함께 모두 캐서린과 내가 OMF를 통해서 한국에 오게 된 일에 직접적으로 관여했던 분들이었다.

우리는 1975년 9월에 한국에 도착했다. 언어를 배우던 처음 2년 중 첫 6개월은 마산에서 패티슨과 살았고, 그 후 18개월은 서울에서 살면

딘과 파이 부부

서 연세대 한국 어학당에 다녔다.

1977년 7월~1979년 3월

부산으로 이사하여 대청동 교회를 다니며 대학생들에게 QT와 그룹
성경 공부를 지도하였다. 세실리 모어와 권춘자가 우리가 그곳에 정착하
는데 큰 도움을 주었다. 부산에 있을 때 OM의 로고스 배가 들어와서 도
운 적이 있었고, 우리는 그때 김명수 목사님을 처음 만났다. 세실리가 박
성훈 집사님 가족을 소개해 주어 함께 5년을 살았는데, 우리는 그들에게
서 한국 생활을 배웠고 그들과 한 가족이 되었다.

1980년 3월~1984년 3월

수안교회에서 여러 그룹 성경 공부를 인도했고 부산과 서울에서 성서
유니온과 관련된 일을 하였다. 부산 SU 총무였던 박상룡 간사, 고려 신
학교 교수, 김명수 목사님 등과 지도자 훈련, 학생 캠프, QT 훈련 등을
함께 하였다. 목포와 다른 지역까지 사역의 범위가 넓어졌다.

1985년 3월~1989년 3월

안식년 후 광주로 이사하였다. 제일성결교회에 적을 두고 광주 지역
의 교회들을 다니며 섬겼다. 학생 캠프를 인도하였고 캠프 지도자 훈련
을 하였다. 주로 한 사역은 QT 사역을 돕는 일이었고, 광주와 서울에서
SU 위원들의 그룹 성경 공부를 인도하였다. 광주 신학교에서 가르치기
도 했는데, 한국어가 수월해져서 강해 설교하도록 돕는 일에 개입하였
다. 데니스 레인이 서울에서 하는 강해 설교 세미나를 참석한 분들이 광
주에서도 계속해서 할 수 있도록 여러 그룹을 도왔다.

어린이전도협회 사무실에서 두 개의 사역자 그룹을 인도했는데, 개인적인 QT와 강해 설교를 연결시키는 일에 특별한 강조점을 두면서 설교 준비를 도왔다. 광주에서 OMF 기도회를 하도록 도왔고, OMF 동역자인 광주의 비숍 가정과 전주의 시니어 가정이 잘 정착하도록 도왔다.

제일성결교회와 광주 SU 위원회를 꽤 깊이 도울 수 있었다. 김명수 목사님이 광주 지역 SU 총무로 오게 되어 매우 기뻤다. 그들 부부는 우리를 많이 도와준 매우 특별한 친구들이었다.

우리가 한국에 올 때는 피터와 매튜뿐이었는데, 필립, 데이비드, 그리고 앤드루가 태어났고, 그들이 모두 자라서 일본의 치푸 스쿨에 다녔다. 그들도 우리 사역에서 특별한 역할을 했는데, 우리 한국 친구들은 우리 아이들을 보면서 그리스도인 가정에서 어떻게 자녀들을 그리스도를 위해서 살도록 키우는지를 보았다고 하였다. 이번 마지막 방문에서 친구들은 선교사 가정의 기쁨과 어려움을 볼 수 있었고, 캐서린이 아내와 엄마로서 하는 사역과 손님을 환영하는 것에서 많은 것을 배웠다는 이야기를 하였다.

딘 가족

1989년 3월 안식년으로 영국으로 돌아와서 1989년 9월 OMF를 사임하였다. 한국 SU 직원들이 우리가 하던 사역을 잘할 수 있다고 생각했고, 우리 아이들이 영국에 있는 중고등학교를 다녀야 했기 때문이었다.

내 믿음의 기초가 QT였지만 내가 훨씬 실제적으로 성서유니온 성경 읽기 방법을 배우게 된 것은 한국에서의 사역 덕분이었다. 부산 대청교회, 성서유니온 캠프, 광주 제일성결교회에서 학생들과 개인 그룹 성경 공부를 하는 동안, 그리고 SU 직원 위원들과 QT 훈련을 하면서 선교사인 나 자신이 그리스도에 대해서 훨씬 더 많이 배웠다. 나는 영국에 돌아오고 나서도 오늘날까지 그때 매일 성경과 함께 하던 성경 묵상 방법을 매일 아침마다 사용하고 있다. 날마다 성경을 읽고 우리가 배운 것으로 주께서 우리의 삶을 빚으시도록 하면(로마서 12:1, 2) 사람들의 삶이 그리스도를 위해서 사는 삶으로 변화가 된다.

1989년 영국에 돌아온 후에 세 교회를 섬겼는데, 우리는 언제나 성도들에게 날마다 목사와 사모와 같은 성경 본문을 읽도록 권면하였다. 이것은 우리가 한국에서 배운 형태였는데, 우리가 섬기던 교회마다 열매가 있었다. 세 가지 좋은 점이 있었는데, 성도들의 사고방식과 삶이 더욱 성경적이 되어 갔고, 그로 인해 우리가 그리스도 안에서 더욱 연합이 되었으며, 교회를 통한 봉사와 세계 선교에 더욱 열심을 내는 결과를 보게 되었다(엡 4:11~16).

우리가 한국에 있던 시간으로 인해서 얼마나 주님께 감사한지 모르겠다. 우리는 좋은 친구들, 매우 친했던 OMF 팀의 동역자들, 수많은 학생, 목사, 신학생, SU 가족들로 인해서 말로 다할 수 없는 축복을 받았다.

주님께서 당신의 영광을 위해서 여러분들을 깊이 축복해 주시기를 빈다.

🖋 테리 & 게이 파이
(영국, Terry & Gary Pye, 백준섭, 백계희, 1976~1990)
(Elizabeth, Stephen, Timothy)

영국에서 건축공학과 신학을 공부하였고 3년간 목회를 한 경험이 있다. 게리 파이는 간호학을 전공하였고 신학도 하였고, 주일학교와 교사캠프 지도자로 활동하였다. 1986년 3월에 안식년을 맞아 고향으로 귀국하였다.

본인의 글
1) 한국에 오게 된 동기
우리는 영국 북부에서 교회를 개척하고 있었는데, 닉과 캐서린 딘

이 목회하던 곳에서 멀지 않은 지역이었다. 닉과는 같은 신학교를 다녔음에도 불구하고 그리 잘 아는 사이는 아니었는데, 그가 OMF를 통해서 한국으로 갔다는 소식을 들었다. 그런데 18개월 후, 주님께서 그들의 마음에 우리를 OMF 팀으로 초대하여 한국에서 함께 사역하자는 마음의 부담을 주신다는 편지를 받았다. 얼마나 놀랐는지 모른다.

파이 가족

그것은 마치도 '우리에게 와서 도우라'고 하는 마게도냐의 부르심과도 같았다.

나는 약 6주간 그 편지를 무시하였다. 당시 우리는 남아프리카와 영국 남부의 사역을 맡아 달라는 초대를 받고 있었다. 그런데 어느 날 아침 아내와 함께 QT를 하고 있는데, 주께서 성경을 통하여 우리에게 말씀하셨다. 우리는 둘 다 성경을 읽으면서 OMF를 통해서 한국으로 가야겠다는 생각을 하였다. 그래서 모든 과정을 거쳐서 18개월 후인 1977년 1월 영국을 떠나서 2살짜리 엘리자베스와 1살인 장남 스티븐을 데리고 한국에 도착하였다. 우리 막내 티머시는 1978년 11월 25일 서울에서 태어났다. 그는 우리의 '국산 아기'이다!!

2) 당시의 추억과 사역

우리는 처음에 신촌에 있는 작은 아파트에서 살았다. 2.5×2.5m 되는 방 두 개와 2×1m 크기의 연탄을 때는 부엌, 그리고 2×1m 되는 작은 욕실 안에 샤워기와 좌식 화장실이 있는 집이었다.

마산으로 이사하기 전에 서울에서 주로 한국어 공부를 하였다. 서울에 있을 때 충현교회 대학부 초청으로 영어 성경 공부를 인도하였는데, 후에 나는 그 교회의 협동 목사가 되었다. 마산으로 가서는 고신파 교회에서 사역하였고 SU 매일 성경을 집필하였다. SU의 윤종하 총무는 매우 훌륭한 사람이었다.

1981년 OMF 팀의 리더가 되어 서울 잠실로 이사했는데, 장미 아파트를 구입하여 사무실 겸 집으로 사용하였다. 우리는 잠실에서 매우 행복한 추억들이 있었다. 내 역할은 감독, 재정 담당 등이었다. 우리는 성경 공부를 인도하였는데, 사업가 그룹, 학생, 목회자 그룹, 사모 그룹 등이 있었다. 가족 캠프도 운영하였고, 게이는 토요일마다 어린이 성경 공부를 인도하였다. 매우 좋은 시간들이었다.

이때 나는 선교사 훈련이 필요함을 깨달았다. 그래서 배영선 선교사와 현재 MTI(Missionary Training Institute)가 된 기관을 세웠다. 훌륭한 이사장이셨던 김인수 박사와 총무 도문갑과 함께 OMF 한국 홈이 형성되는 일을 도왔다. 나는 또한 합동 신학교의 양용의 교수와 함께 성경 공부를 인도하였다. 교회를 다니며 선교에 대한 강의를 하는 일도 적지 않았다. 한국 교회들은 매우 규모가 컸지만 그 초창기 무렵에는 타문화권으로 선교사를 보내는 일은 매우 드물었다.

1988년 나는 올림픽 경기에 맞추어 충현 교회에서 영어로 하는 국제 교회를 시작했다. 올림픽 기간 동안 500~800명이 모여서 예배를 드렸다. 나는 OMF 선교사였기 때문에 전임 목회를 할 수 없었다. 그래서 당회는 미국에서 목사 한 분을 초빙하였다. 영어로 하던 사역은 매우 즐거웠다.

3) 재미있는 이야기들

합동 신학교에서 성경 공부를 시작했을 때, 첫 시간에 한 학생이 와서 물었다. 영국에서 내가 어느 교파였냐는 것이었다. 나는 '영국 국교회'라고 하였다. 그는 다음 시간부터 오지 않았다. 두 번째 공부를 마쳤는데 다른 학생이 또 같은 질문을 하였다. 나는 같은 대답을 하였고 그 학생도 다시 보지 못하였다. 세 번째 시간 후에도 다른 학생이 또 내게 와서 영국에서 내가 속해 있던 교파가 어디였냐고 물었다. 나는 '틀림없이 이 질문에 적당한 대답이 있을 텐데.'라고 생각하며 말하였다. "혹시 『그리스도의 십자가』를 쓴 존 스토트를 알아요?" 그 학생은 "훌륭한 분이지요."

라고 대답하였다. 『하나님을 아는 지식』을 쓴 J. I. 패커에 대해 들어 보았나요?" 그 학생은 또 대답하였다. "네, 그분도 대단한 사람입니다." 내가 말했다. "그분들과 같은 교단이에요. 패커 박사는 내가 다니던 신학교 학장이었어요." 그러자 그들은 나를 인정하였다. 그 이후로는 교파로 문제 삼지 않았다.

언어를 배우던 초기에 우리 선교사 한 사람이 남자와 감자를 혼동했다. 그래서 시장에서 감자 대신 남자를 달라고 하였다. 아주머니는 "남자를 좋아해요?"라고 물었다. 선교사는 "네, 그럼요."라고 대답했다. 아주머니는 물었다. "어떻게 좋아해요?" "네, 그것들을 삶고, 굽고, 튀겨서 먹으면 아주 맛있어요. 그리고 어떤 때는 그것으로 과자도 만든답니다!"

어느 날 시장에 갔는데 채소 파는 아주머니가 물었다. "미국 사람이에요?" "아뇨, 영국 사람이에요." "아, 미국사람이나 영국사람이나 뭐 같은 사람이네요." 그래서 내가 물었다. "아주머니는 일본 사람이에요?" "아니요, 나는 한국 사람이에요." 내가 말했다. "아, 뭐 같은 사람이지요!" 그분은 배추를 집어서 나에게 던지려고 하였다. 물론 그것은 장난이었고, 곁에 있던 아주머니들은 모두 배꼽을 쥐고 웃고 있었다.

이 외에도 언어에 관련된 에피소드는 공간이 부족할 정도로 많다.

4) 우리는 한국 생활과 사역이 매우 즐거웠다.

우리 선교사 팀은 매우 좋은 분들이었다. 모두 매우 사이가 좋았기 때문에 나는 리더로서 모든 일이 편하였다. 서로가 서로를 지지하는 분위기였다.

우리에게 있어서 한국 생활은 최고였다. 사역도 즐거웠고 진정으로 소중한 친구들도 사귀었다. 우리 친구들은 정말 함께 있으면 유쾌한 사람들이었다. 우리가 시작했던 MTI가 현재도 지속되고 있어서 매우 기쁘다. 케직에 사는 우리 친구 하나가 MTI에서 전담으로 가르치고 있는 선교사와 연락이 되고 있다…. 그렇게 그 사역이 계속되니 얼마나 좋은지 모르겠다.

나는 2001년에 한국에 돌아와 한 달 동안 강해 설교를 가르쳤고, 선교에 대해 강의했으며, 한 달 동안 날마다 6시와 11시에 설교하였다. 주일에는 충현교회에 가서 설교하였다. 2003년에 우리는 영국 대사관을 북한에 세우려고 하는 친구들과 북한도 6일 동안 방문하였다. 우리 마음에는 북한과 남한이 함께 있어서 늘 기도 가운데 기억하고 있다.

5) 제언

우리가 1990년에 한국을 떠난 이후로 많은 세월이 흘렀다. 그렇지만 내가 한국에 하고 싶은 말은 현재 영국 사람들에게 하고 싶은 충고와 같은 것이다. 기록된 하나님의 말씀(성경)이 당신의 삶을 성육신한 말씀(예수님)이 되게 하라는 것이다. 그렇게 하면 우리가 그 말씀을 이해할 수 있을 것이다. 기록된 말씀 안에서 하시는 말씀을 통해서 우리는 살아 있는 말씀을 목도하게 될 것이고 주 예수님을 사랑하고 섬길 수 있게 될 것이다.

윌리 & 케이티 블랙
(영국, William(Willie) & Kathrine(Katie) Black, 1982~1996)
(Rhoda, Esther, Mary)

1982년 4월 내한하여 서울에서 2년간 한국어를 배우고 부산으로 이

사, 광안중앙교회 출석하였다. 윌리는 강해 설교 그룹을 인도하였고, 케이티도 함께 소그룹 성경 공부, SU, OMF 기도 모임을 인도하였다. 1996년 7월 윌리는 타이완 OMF 컨퍼런스에서 말씀을 전하다가 심장 마비를 일으켜 UK로 돌아갔다.

블랙 가족
저서 : 『요한 1, 2, 3서 강해』(성서유니온)

1. 윌리의 이야기

1) 한국으로의 부르심

내가 OMF 파송으로 한국에 가게 된 계기는 스코틀랜드 북부에 있던 우리 교회에 OMF 선교사들이 방문했던 때로부터 비롯되었다. 딕 도우셋이 세상에 선a교사가 필요하다는 주제로 이사야서 42장을 설교하였고, 그 말씀을 듣던 중에 나는 성령으로부터 오는 깊은 확신을 느꼈다. 그 모임 끝에 그는 OMF가 한국에 가서 강해 설교를 가르칠 수 있는 장로교 목사를 파송할 수 있다고 하였다. 그 다음 몇 주 동안 하나님께서는 여러 가지 사건을 통해서 이 부르심을 매우 분명하게 확신시켜 주셨다. (자세한 이야기는 『When God Guides』에 나와 있다.)

2) 사역과 상황의 기억들

우리가 1982년 한국에 도착했을 때 한국 교회는 급속하게 성장하던 시기를 맞고 있었다. 날마다 하는 새벽 기도회와 수요 예배 그리고 매 주일 최소한 두 번씩 드리는 예배에 설교를 해야 하는 목사님들의 부담은 이루 말할 수 없이 큰 것이었다. 체계적인 강해 설교가 이러한 상황에서 좋은 도움이 되었다. 우리에게 처음으로 닥쳤던 거대한 과업은 2년 동안 한국어를 배우는 일이었다. 그 일은 우리에게 말할 수 없이 어려웠지만 하나님의 도우심으로 결국 우리가 했던 사역을 대부분 한국어로 할 수 있을 만큼 배울 수 있었다. 강해 설교에 대해서는 이전에 데니스 레인의 세미나가 있었기 때문에 사람들이 이미 관심을 가지고 있었다. 우리가 부산으로 이사 가서 사역을 시작했을 때, 목사님들은 우리가 온다는 소식을 벌써 듣고 있었고 매주 목사와 신학생의 성경 공부 그룹들이 급속히 늘어났다. 성서유니온과 두란노의 도움으로 부산, 마산, 광주, 그리고 다른 도시들에서 모임들이 생겼다. 연휴 기간에는 3일간의 세미나들도 열었다. 많은 교회에서 설교를 하고, 성서유니온의 매일 성경 집필을 하던 일과 함께 이것이 내 사역의 중심이었다.

장녀 로다의 결혼식

3) 재미있는 사건

한번은 한국어로 설교하는 것이 매우 어렵고 잘할 수 있는 희망이 전혀 없다고 느끼고 있었을 때였는데, 한 학생 집회에서 설교를 한 적이 있었다. 그런데 몇 년 후 그 집회에 왔던 학생 한 명이 그 집회의 말씀이 얼마나 도움이 되었는지 아직까지도 기억에 남는다고 나에게 말하는 것이었다. 한국 친구들은 우리에게 분에 넘치게 친절했고 너그럽게 대해 주었다. 하나님께서는 우리에게 필요한 것들을 빠짐없이 공급해 주셨는데 특히 어마어마했던 아이들의 학비까지도 놀라운 방식으로 전부 채워 주셨다. 한번은 우리에게 가외로 5,200파운드(약 1,000만 원)가 필요한 적이 있었다. 여러 경로를 통해서 6주 만에 5,100파운드가 들어왔다. 그런데 귀국하기 위해서 공항으로 가는 길에 어느 한국 목사님이 아이들을 위해서 쓰라고 나에게 봉투를 하나 주셨다. 그 안에는 마지막 100파운드가 들어 있었다. 하나님께서는 완전하게 우리가 필요한 것을 신실하게 채워주셨다.

4) 사역의 만족도

우리가 한국에서 지냈던 세월은 매우 만족스러운 것이었다. 교파를 불문하고 크고 작은 교회에서 성경을 가르치고 설교할 수 있는 기회가 많았고 어떤 때는 학생들의 대형 집회에서도 말씀을 전하였다. 빠르게 성장하는 교회 사역에 관여하는 일이나 많은 젊은 목사님들이 사역을 시작할 때 함께 했던 일은 가슴이 두근거리는 기쁜 일이었다.

5) 오늘 날을 위한 제언

계속해서 충실하게 성경 말씀을 가르치고 무슨 일을 하든지 예수님의 이름이 그 중심에 드러나도록 하라는 제언 외에, 우리는 절대로 한국 교회에 무슨 충고를 하기보다는 그들의 열정, 헌신, 너그럽게 베푸는 것을 배워야 한다. 그러한 것들은 우리 스코틀랜드 교회에 매우 부족한 것들이기 때문이다.

2. 케이티의 이야기

1) 나의 동기

내가 한국에 선교사로 간 것은 단순히 주님께서 우리를 불러 가라고 하신다고 믿었기 때문이다. 나는 학교에서 선교를 배우지도 않았고, 자녀가 셋에 나이도 34살이나 되었기 때문에 그 부르심은 놀라운 것이었다. 그리고 주께서는 한국 교회를 대단히 축복하셨기 때문에 그들에게 선교사가 필요 없다고 생각했었다. 그러나 하나님께서는 남편이 부르심을 확신하기 전부터 나를 먼저 선교에 부르기 시작하셨다. 나는 두 가지가 두려웠는데, 그분께서는 성경을 통해서 그것을 해결해 주셨다. 하나님께서는 친히 나와 함께 가실 것이고 우리 아이들도 그분의 계획 속에 포함되어 있다고 확신시켜 주셨다.

블랙 부부 | 2014년

2) 사역

우리는 교회가 급속하게 성

장하고 있고 신학교가 학생들로 넘쳐나고 있던 1982년에 한국에 도착하였다. 한국에서는 영어가 필요했기 때문에, 영어 성경 공부는 복음을 듣게 하기 위해서 사람들을 데리고 오는 중요한 수단이었다. 내가 가진 '선교사 비자'로는 영어를 가르칠 수 없었지만 영어 성경 공부는 자유롭게 할 수 있었기 때문에 기뻤다. 학교, 교회, 고등학생과 대학생 선교 단체에서 초대를 해 주었다. 처음에는 한두 그룹으로 시작했던 것이 나중에는 매주 7~8번 모임을 인도하였다. 또 나는 젊은 사모님들과 하나님의 말씀을 한국어로 공부하면서 나누었던 우정과 지원이 즐거웠다.

그러는 동안 하나님께서는 그 영어 성경 공부 그룹을 다른 목적으로 쓰실 계획을 가지고 계셨다. 한국 사회에서는 복음에 대한 호응이 줄어든 반면, 교회에서는 선교적 관심이 늘어나고 있었다. 이제는 선교를 꿈꾸는 젊은이들을 위해서 더 많은 시간을 갖게 되었다. 그때 나는 타 문화 적응 문제를 가르침에 포함시켰고, 영어로 기도하고 간증하는 것도 가르쳤다.

3) 재미있는 이야기

서울에서 한국어를 배우던 초기에 우리는 성실하게 한국 교회에 나가기 시작하였다. 설교는 전혀 이해할 수가 없었고, 우리가 말하고 이해하는 단어는 몇 가지밖에 없었다. 어느 겨울 밤 40분 동안 만원 버스에서서 시달리고 난 후 교회에 도착했을 때 매우 힘이 빠져 있었다. 교회 계단에 계시던 할머니들이 나는 따뜻하게 환영해 주셨는데, 그때 그들의 사랑이 느껴지면서 내가 하늘에 계신 아버지가 있으리고 하는 장소에 있으며 그분의 가족의 한 식구로서 받아들여지고 있음을 인식하게 되었다. 그분께서는 그날 밤 한 마디 말도 사용하지 않으시면서 내 잔을 가득 채워 주셨다!

4) 만족과 확인

그룹들을 인도하기 위해서 준비하고 하나님의 말씀을 연구하는 일로 나의 날들을 지낼 수 있었던 것은 대단한 특권이었고 내게 즐거운 일이었다. 나는 혼자 준비하면서 배웠고 함께 이야기를 나누고 함께 기도하면서 멤버들에게서 배웠다. 우리 아이들은 기숙사 학교에 다녔고, 방학이 길었기 때문에 그동안은 우리와 함께 지냈다. 하나님께서는 일본에서는 치푸 학교에서 그리고 영국에서는 OMF의 TCK 지원 가정에서 훌륭한 대리 부모를 허락해 주셨다. 그분께서는 우리에게나 그들에게 필요한 재정을 전부 공급해 주셨다. 그들이 잘 되었을 때 매우 만족스러웠다.

5) 제언

우리는 본국 사역을 위해서 돌아온 후에도, 언제나 한국 교회의 기도, 전도, 베풂, 선교적 열정을 예로 들어서 여기 스코틀랜드 교회를 도전하고 격려하였다. 계속해서 예수 그리스도께 신실하라는 말밖에 드릴 것이 없다.

🖋 제레미 & 앤 비숍
(영국, Jeremy & Anne Bishop, 제레민, 1982~1989)
(Ruth, Hannah)

제레미는 영국에서 가스 회사에서 근무했으며, 부인 앤은 고교에서 수학을 가르쳤다. 자녀로는 루스와 한나가 있다. 서울에서 2년간 한국어 공부한 후, 1985년 광주로 내려가 동명교회에서 사역하였다. 특히 대학생 사역과 SU 사역을 도왔다. 1988년 첫 안식년을 마치고 다시 광주로 돌아왔으나 1989년 여름에 안수 받기 위한 공부를 하기 위해 다시 영국으로 갔다. 그 후 돌아오지 않았다.

제레미와 앤 비숍(좌), 1984년 백주년 기념 대회(우)

로저 & 제인 시니어
(영국, Roger & Jane Senior, 신이영, 박재인, 1983)
(Elizabeth, Jonathan)

로저는 영국 출신의 화학 박사로, 신학을 한 후 부목사로서 목회 경험을 하였고, 부인 제인은 정치학과 현대사를 전공한 후 교사로 사역하였으며 남편과 함께 신학을 하여 목회에 동역하였다. 1983년 4월 내한하여, 서울에서 2년간 한국어를 배운 후 전주로 이사하였다. 1988년 안식년 후 대구로 감. 1990년 3월 로저가 필드 대표가 되면서 서울 장미 아파트로 이사하였다.

로저와 제인 시니어 | 1990년(좌), 2014년(우)

1. 믿음의 배경, 전공, 학력

로저: 19세에 주님을 영접하고 화학을 전공하여 박사 학위까지 공부하였다. 산업계에 종사하다가 신학교를 나와 목사로 일하였다.

제인: 16세에 주님을 영접. 정치학과 현대사를 전공하였다. 초등학교 교사를 하다가 신학교에 들어갔다.

2. 한국에 선교사로 오게 된 동기

본인의 글

우리는 둘 다 1974년 태국에서 사역했던 OMF 선교사를 통하여 선교에 부르심을 받았다. 1974년부터 OMF에 지원했지만 1983년이 되어서야 아시아로 떠날 수 있게 되었다. 원래는 특별히 정한 나라는 없었고 어느 곳이든 가려고 하였다. 그런데 1981년 주님은 우리 각자에게 한국으로 가라고 하셨다. 마음속에 성경을 가르치고 싶은 소원이 있었기 때문에 그러한 목적으로 한국에 왔다.

3. 한국에서의 사역

1983~85   서울에서 한국어 공부

1985~87   전주에서 로저는 목사, 신학생들과 강해 설교 훈련 사역, 학생들 제자 훈련, 제인은 제자 훈련과 전도 사역을 하였다.

1988~90   대구(로저: 강해 설교, 제인: 사모 사역, 제자 훈련)

1990~99   서울(로저: 필드 대표, 강해 설교, 선교 훈련, 제인: 제자 훈련, 미션 홈 경영)

4. 결과(열매)

그것을 아시는 분은 주님뿐이시지만 다음과 같은 점이 감사하다.

1) 많은 목사님들이 주님과 그분의 말씀에 대한 사랑에 기초하여 세워져 가는 것을 보니 감사하다.

2) 주님을 믿게 되고 아직까지도 그분과 동행하는 것을 보니 감사하다.

3) 현재 온 세계에 선교사로 나가서 주님을 섬기고 있음이 감사하다.

5. 선교 사역의 회고

한국에서 사역할 수 있어서 대단히 기뻤다. 수많은 분들이 베풀어 준 사랑에 감사하고 경건한 한국 동료 사역자들과 교제할 수 있어서 감사하였다.

클라스 & 이블린 하우징거
(네덜란드, Klass & Evelien Huizinga, 하의진, 하애린, 1983)

클라스는 생화학을 전공했으며, 이블린은 비서로 근무한 경험이 있

클라스와 이블린 하우징거

고, 신학교에서 선교학을 전공하였다. 서울에서 한국어를 공부 후에 1986년 한 해 테리 파이의 안식년 동안 장미 아파트(Mission Home)의 본부 사무실 사역에 관여하며 미션홈을 돌보았다. 안식년을 다녀온 후에는 춘천에서 사역하였다. 지역교회 사역은 물론이고 SU 사역과 IVF을 겸하여 하였다. 산본으로 이사한 후에 계속 IVF와 함께 사역하였고, 리치와 코니 오어의 사역을 돕고 영어공부 사역을 담당하며 미션홈을 볼보았다. 1997년 3월에 유기남 선교사는 국내 파트의 대표가 되었고, 클라스는 필드 감독이 되었다. 1998년 4월 15일에 안식년을 맞아 네덜란드로 떠난다. 한국이 IMF로 인한 경제 타격으로 인하여 OMF 조직 내에서도 경제 문제가 대두되었다.

클라스
◦ 배경: 개혁 장로 교회

- 학력: 농과 대학, 영국의 올네이션스 칼리지
- 한국에 오게 된 동기: 양육, QT와 선교 훈련을 위해서
- 사역(1983~1987, 1988~1992, 1994~1998):
  - VF에서 간사 훈련 (춘천과 서울)과 선교 훈련
  - OMF에서 선교 훈련(토요 선교 학교, 월요 선교 학교 등)
  - 매주 토요일 무학교회 영어 예배 인도
  - 필드 선교사 재정 국세청 보고서 작성을 위한 기도 부탁(9197. 12.)
- 열매:
  - IVF의 새 간사들을 동기 부여, 성경 지식의 면에서 도움
  - 학생들에게 IVF를 통해서 선교에 헌신하도록 도움
  - OMF 선교사 후보들에게 OMF의 정신을 잘 알 수 있도록 도움
- 회고: 나는 언제나 함께 일했던 한국의 대학생들과 IVF 간사들의 헌신에 도전을 받았다. 나 자신이 배운 것이 더 많다.

이블린 하우징거(1983~1987, 1988~1992, 1994~1998)

- 배경: 개혁 장로 교회, 경제 경영 전공, 리폼드 바이블 칼리지 졸업
- 동기: 성경을 사랑했기 때문에 그리스도를 믿게 된 사람들에게 성경에 대한 이해를 더 깊이 할 수 있도록 돕고 싶었다.
- 사역:
  - IVF 간사 훈련 (춘천, 서울), 선교 훈련의 일환으로 영어 가르침
  - 춘천에서는 대학에서, 서울에서는 고등학교에서 영어를 가르치면서 전도
  - 부인 성경 공부 인도
- 열매: 성경 공부 그룹의 학생들이 그리스도께 돌아왔다.
- 회고: 젊은이들에게 그리스도를 알도록 전하는 일은 매우 큰 도전이었다. 당

시 한국은 아직 복음에 마음 문이 많이 열려 있던 시기여서 특히 고등학교 학생들 중에 관심을 보이는 사람이 많았다. 한국의 젊은이들을 위해 가지셨던 하나님의 계획에 함께했던 것은 대단한 특권이었다.

한국에서의 삶과 사역에는 건강과 에너지가 필요해서 기도를 요청하였다.

리지 & 코니 오어
(미국, Ridge & Connie Orr, 오례문, 오건희, 1983~2003)

미국에서 대학생 단체에서 일했으며, 제자 훈련의 경험을 많이 쌓았고, 1986년 3월부터 강릉에서 교회 개척을 돕는 것과 IVF와 함께 대학생 사역을 하였다. 서울에서 한국어를 배운 후 1986년 강릉으로 이사하여, 반석교회를 다니며 학생 사역과 SU 사역에 힘썼다. 1997년 안식년을 가졌다. 리지와 코니가 대학에서 만났을 때 두 사람은 선교에 대한 마음을 가지고 있었다. 리지는 인도를 가려고 생각하고 있었고 코니는 아프리카 선교사로 가려는 생각을 오래전부터 하고 있었다. 결혼 후 3년간 대학생 사역을 하였고, 하나님께서 1983년 OMF로 인도하셨다. OMF 디렉터들은 오어 가족을 한국 IVF와 협력하여 대학생 사역을 하도록 인도하였다. 오어는 1983년 12월 내한하여 언어 공부를 마친 후 1986년 강릉으로 이사하였다. 강릉에서 1986년에서 1997년까지 살다가 1998~2000년 광주로 사역지를 옮겼다.

광주로 사역지를 옮기게 된 것은 코니가 광주의 공군 군목의 통역 및 안내자로 일해 줄 것을 요청받았으며, 그곳에서 700명에게 전도할 기회가 주어졌기 때문이었다.

리지는 D. Min. 과정을 마쳤다. 광주로 전도와 대학생 제자 훈련을 하였다. 리지는 시골 교회 목사님들과 사귀며 격려하는 일로 시간을 많이 보냈고, 코니는 주로 작은 시골 마을과 고아원에서 어린이들과 전도를 위한 성경 공부를 하였다. 코니의 건강이 좋지 않아서 2000년 3월 말, 미국에서 3개월간 안식년을 지냈다.

2001년 오어 가족은 서울로 돌아왔다. 리지는 MTI에서 선교사 훈련을, 코니는 집에서 미혼모 사역, JOY 의 영어 사역과 애란원의 미혼모 사역을 하였다. 리지와 코니 오어는 캘빈 마 부부에게 미공군 장병을 위한 군목 역할을 넘겨 주었다.

광주 동명교회와 산수교회에서 한 달에 한 번 영어 설교를 하며, 코니는 산수교회에서 어린이 사역을 감당하였다. 3개 대학에서 IVF와 함께 대학생들을 상대로 영어 성경 공부를 이끌었다. 광주에 와 있는 필리핀인들을 위하여 성경 공부를 인도하며 이를 위하여 필리핀의 타칼로그어 성경과 찬송가를 수입하였고, 리지는 2월 22~25일까지 개최된 IVF 국제 컨퍼런스에서 주 강사로 활동하였다. 2003년 한국에서 싱가포르로 이사하였다. 6월 7~15일까지 싱가포르 교회수련회 강사로 활동하였다.

이사벨라 퍼디
(북아일랜드, Isabella Purdy, 박이선, 1984~2004)

본인의 글

북아일랜드에서 9년간 초등학교 교사를 하였을 뿐만 아니라 주일학교와 어린이 해변 캠프 등 어린이 사역에 종사하였다. 서울에서 한국어를 배우고 주로 서울에서 SU와 교회 사역을 했지만 사역상 여러 곳을 다니기도 하였다. 몇 년간 연로한 이모 두 분을 돌봐야 해서 아일랜드로 돌아갔다가 되돌아와서 교회 사역과 선교사 훈련을 하였다. 재한 기간은 1984~1988, 1989~1992, 1997~2001, 2002~2004년이다.

1. 북아일랜드 장로교회 출신

하나님의 은혜로 15세경 그리스도를 믿어 구원을 얻게 되었다. 아동 사역을 하였다(주일학교, 방학 성경 학교, Christian Endeavor 사역). 한국에 오기 전에도 모교회에서 청년 성경 공부를 인도했다. 초등교사 교육을 받고 1970~1979년까지 9년간 초등학교 교사로 일하였다. 벨파스트 성경 학교(1979~1982)를 나와 그곳에서 파트타임으로 가르치면서 (1982~1983) 벨파스트 교회를 도왔다.

이사벨라 퍼디

2. 한국에 오게 된 동기

모교회에서 특히 강해 설교와 하나님 자신의 말씀에 영향을 받았다. 하나님께서 말씀을 통해서 나를 부르셨다. OMF와 의미 있는 관계를 맺은 것은 1981년 성경 학교를 다닐 때 OMF 인도네시아에서 8주간 현장 실습을 하면서부터이다. OMF 사역에 대해서 더욱 관심을 갖게 되었다.

3. 한국에서의 사역

한국 SU와 일하였다. 선교 관심자에게 영어를 가르쳤고, 주일학교 교사 훈련, 캠프 사역, SU에서 어린이 매일 성경을 시작했을 때 그 성경 읽기 노트를 집필하였다.

- 교회 사역: 신정제일교회, 화성교회, 한양교회(제일 긴 기간이었음)에서 영어 성경 공부, 강의, 주일 학교 교사 훈련, 그리고 선교에 관심 있는 청년들을 훈련하였다.
- 선교사 훈련: 주로 마지막 2년 동안 반포에 있는 MTI에서 가르쳤고 집에서 소

그룹으로 선교사 훈련 프로그램을 운영하였다.

4. 언어 담당

한국 체재 말년 무렵에 OMF를 통해서 한국에 새로 들어오는 선교사들의 한국어 습득 과정을 도왔다.

5. 열매

훈련 사역의 평가는 어려운 일이라고 생각한다. 한 부인이 주님을 믿게 되어 영어 성경 공부를 도왔다. 그리고 사람들이 내가 하는 사역에 대해서 감사를 표시하였다. 열매는 하나님께서 아시는 일이다. 한국에서 무슨 일이라도 이룬 것이 있다면 그렇게 할 수 있도록 힘을 주신 하나님께 영광을 돌린다.

6. 회고

내 한국어 수준이 만족할 만한 수준이 아니었던 것, 천성적인 부끄러움과 두려움이 사역에 장애가 되었던 것 같다. 한국인이 완전한 한국말로 하면 훨씬 잘할 수 있겠다고 생각한 적이 많았다. 나와 같은 선교사가 함께 살지 않아도 한국 그리스도인들 스스로 잘 해 나갈 수 있다고 생각하여 한국 사역을 끝냈다.

7. 평가

이러한 경험을 할 수 있어서 매우 기쁘다. 정이 많고 감사하는 한국의 그리스도인들과 같이 그 안에 살면서 섬겼던 일은 특권이었다. 나 자신 한국인에게서 많이 배웠고, 비록 어려운 일이 없었던 것은 아니었지만 그렇게 풍성한 경험을 하게 해 주셔서 감사하다. 한국에서 한 일은 주로 SU 주일학교 교사 훈련, 영어 성경 공부, 소그룹 인도, 어린이 매일 성경 집필 등이었다. 한국에서 어려웠던 일은 언어 습득, 연탄불 관리였고, 한국 음식 먹기도 초기에 힘들었다.

8. 에피소드

복덕방을 묻는 할머님께 빵을 달라는 줄 알고 식빵 10봉지와 전도지를 드렸던 일.

캐롤 핀들레이
(USA, Caroll Findlay, 배찬미)

캐롤 핀들레이

1984년 내한하여 서울에서 한국어를 배우고 서울에서 사역하였다. 교회 사역과 기독 간호사 협회(Nurses' Christian Fellowship) 사역, 미국에서 간호원으로 일한 경험이 있다.

1984년에서 2004년까지 한국 OMF 선교사로 일하였다. 현재 서울 주재 북한 필드 코디이다. 간호사나 간호학교 학생들을 대상으로 사역하였고 2002년부터 현재까지는 북한을 위한 기도 자료를 출간하고 있다.

마이클 드빌리
(캐나다, Michel de Billy, 1987. 12.~1991. 11.)

마이클 드빌리

서울에서 한국어를 배우고 1989년 2월 부산으로 이사하였다. 부산 고신 의대와 복음병원에서 전도와 교수 사역을 하였다. 결혼을 이유로 캐나다로 돌아감. 1991년 9월 다시 부산으로 돌아왔으나 1991년 11월 사임하고 캐나다로 귀국하였다.

이본느 팝
(네덜란드, Ivonne Paap, 1987. 12.~1999)

이본느 팝

1987년 12월 내한하여 서울에서 한국어 공부를 한 후에 첫 팀 동안 다양한 사역에 참여하였다. 첫 안식년 후 여공들을 돕는 사역을 하고 싶어서 마산으로 내려갔지만 문이 열리지 않았고, 그 대신 장애우 사역에 관여하게 되었다.
18개월 후 다시 서울에 와서 사랑의 교회가 소

외된 사람들을 전도하기 위해서 '우물가' 사역이라고 이름 지은 커피점 운영에 참여하였다. 한번은 그 커피점에 왔던 불교 승려들과 성경 공부를 한 적도 있었다. 그 커피점 사역을 통해서 거리의 소녀들을 돕는 사역을 하게 되었다. 토요 전도의 일환으로 댄스 교실, 예배, 복음을 설명하는 드라마 등의 사역을 하였다.

1999년 안식년 동안 상담을 공부하려는 계획을 가지고 떠났다가 그 후 한국에 돌아오지 않았다.

댄 & 데비 홈버그
(미국, Dan & Beb Holmberg, 1980년대 후반~1991. 11. 5.)

입국 후 2년가량 한국 선교 훈련원(GMTC)에서 영어와 타문화 사역을 강의하는 협력 선교사로 봉사하였다.

노봉린과 앨마

노봉린 & 앨마 로
(미국, Bong & Alma Ro, 1990~1999)

재미 교포. 서울 체재. 노봉린 박사는 처음에는 아시아 연합 신학교(ACTS)에서 후에는 양재의 횃불 트리니티 신학교에서 신학 교육을 하였다.

아시아 신학 협회(ATA: Asian Theological Association)의 국제 총무로, 아시아 지역의 신학교를 지원하는 일을 하였다. 은퇴하기 전까지는 일 년에 한두 번 돌아와서 컨퍼런스도 하고 신학교의 신용도를 평가하고 있다.

🖋 워렌 & 스트로마 비티
(영국, Warren & Stroma Beattie, 1991. 12.~1997)

서울에서 한국어를 배우고 부산으로 이사하였다. 호산나 교회에서 영어 예배를 도왔고 세미나, 컨퍼런스에서 강사로 섬겼다. 한국을 떠난 후에는 싱가포르 국제 본부(IHQ)로 가서 워렌은 연구 담당, 스트로마는 국제 의료 고문으로 일하였다.

1991년 OMF 선교사로 한국에 와서 섬기다가 1997년 싱가포르 국제 본부로 사역지를 옮겼다. 워렌은 다시 방문하여 설악 포럼에 참여하였고, 그 외에도 다른 여러 경로를 통해서 한국 선교계 지도자들과 함께 하였다.

연세대 한국어학당에서 2년간 한국어를 배우는 동안에는 화곡동의 화성교회에 출석하였다. GMTC에서 타 문화 적응과 영어를 가르쳤다. 교회에서 그룹 성경 공부반을 인도했는데 그중 하나는 청년반이었다. 워렌은 한국 선교 연구 자료를 수집하기도 하였다. 처음에 스트로마는 KCMF(Korean Christian Medical Fellowship)에 속해 있던 의대생들과 성경 공부반을 하였고, 후에는 CMF 실행이사들의 요청으로 그들을 위한 성경 공부를 인도했다(캘빈이 전적으로 CMF와 일하기 전).

이 기간 중에 한국에서 하는 다양한 사역을 배우기 위해서 SU 가족 캠프에도 참석하였다.

1993년 부산으로 내려와 현재 호산나교회가 된 새중앙교회를 다녔다. 두 사람은 그 교회의 협동 선교사로 임명을 받았다. 그 교회의 담임 최홍준 목사님은 워렌과 윌리 블랙 선교사에게 인터내셔널 예배를 시작해 달라는 요청을 받아 영어 예배를 시작하였다.

스트로마는 선교 세미나, 일신 병원의 성경 공부, 고신 의대에서 의사, 의대생 성경 공부, 의대·간호대 선교 관심자 그룹도 인도하였다. 당시 고신대학교 원목이었던 김문훈 목사님과도 가까이서 사역하였다. 워렌은 고신대 신학생들과 강해 설교, IVF 간사들과 강해 설교를 담당하였으며, 고신대에서 선교 영어 교수, 여러 곳에서 설교자, 컨퍼런스 강사로 활동하였다. 대구 성경 읽기회와 CMF 선교 대회, 두 사람은 꽤 오랜 기간 OM 선교회의 선교사 훈련을 담당하였다.

- 집필 – 그 말씀, 《동아시아 기도》, 일신병원 잡지
- 뉴질랜드 바이블 칼리지 지원생 인터뷰
- 한국 OMF 선교사 면접
- 소그룹 성경 공부 인도
- OMF의 토요 선교 학교 및 선교 기도회 인도

캘빈 & 조이스 마
(호주. Calvin & Joyce Ma, 1993. 12~2003. 6)
(Joanne, Natalie)

본인의 글
- 캘빈: 의사, 목사
- 조이스: 회계사, 교사
- 거주지: 서울

1. 선교사가 되기까지

선교사로 부르심을 받으면 생각해야 할 점이 많다. 특히 가정을 이루고 있을 경우에 익숙한 삶, 안정된 직업, 가정, 장래 경력, 가족 관계, 자녀의 교육 등을 포기해야 하기 때문이다. 대부분의 중국인에게 이러한 것들은 매우 중요한 문제여서 선교의 부르심에 응답하기가 쉬운 일이 아니다.

나는 맏아들에 의사였고, 우리가 선교지로 떠날 때, 딸이 5살, 8살이었다. 우리 가족들은 부모의 결정 때문에 자녀들이 고생할 것을 걱정하였다. 그런데 우리가 하나님의 부르심에 응답하였을 때, 은혜로우신 그

분께서는 위와 같은 장애들을 극복하도록 도와주셨다.

2. 한국과의 관련

나는 의학 공부 후에 4년을 병원에서 근무하다가 성경대학에 들어갔다. 선교 사역을 준비하기 위해 우리는 해외에서 온 유학생들을 대상으로 가정에서 교회를 시작하였다. 1992년, 하나님께서 한국의 CMF에 우리 같은 사람이 필요하다는 말을 듣게 하셨다. OMF에서 의사 경력이 있으면서 신학 훈련을 받아 목회 경험이 있는 안수 받은 목사가 필요하다는 것이었다! 그것은 하나님께서 우리를 훈련하시고 경험하게 하신 바로 그 프로필이었다.

이 일에는 또 다른 편의 이야기가 있다. 하나님께서는 닥터 피터 패티슨의 사역을 통하여 1980년에 한국 CMF를 세우게 하셨는데, 그는 당시 한국 OMF의 리더였다. 지난 12년 동안 CMF가 성장하다 보니 그들이 자연스럽게 OMF에 와서 도움을 청했던 것이고, 하나님께서는 우리를 찾으신 것이었다. 우리는 바울이 에베소서 2장 10절에 했던 말씀을 되뇌일 수밖에 없었다. "우리는 그가 만드신 바라, 그리스도 예수 안에서 선한 일을 위하여 지으심을 받은 자니 이 일은 하나님이 전에 예비하사 우리로 그 가운데서 행하게 하려 하심이니라."

3. 사역의 준비

막상 한국에 오자 한국어를 배우고 문화와 세계관을 배우는 일이 보통 일이 아니었다. 우리는 대부분의 다른 신임 선교사들보다 나이도 많았고 당시 어린 딸도 둘이 있었다. 그분의 은혜와 인내로 우리는 요구되는 2년 동안의 한국어 공부를 마쳤다. 또 감사하게 한국 친구들과 CMF 간사님들도 우리의 엉성한 한국어와 타 문화의 실수들을 잘 참아 주셨다. 점점 우리는 일상 대화, 성경 공부, 설교, 선교 훈련 등을 한국어로 할 수 있게 되었다.

아마도 가장 어려웠던 때는 한국의 의료 시스템과 의료 교육을 이해할 수 없었을 때였다. 호주와 달랐기 때문이었다. 유교 사회에서 의사들에게 기대하는 문화적 관점이나 사회적 기대에 미묘한 차이들이 있었다. 다른 사회 생활도 그랬지만, 의사들은 굉장한 압박을 받으며 일하고 있었고, 자신의 경력을 쌓기 위해서 유혹하는 것도 많았다. 조금씩 조금씩 우리는 그들의 두려움, 유혹, 좌절, 기대화 희망들을 공감할 수 있었다.

4. CMF 사역의 목표

많은 의대생과 의사들이 선교에 큰 관심을 보이고 있었다. CMF 멤

마 가족과 세실리

버들은 2년마다 하는 선교 한국이나 의료 선교 대회에 100명 이상 참석
하였다. 그러나 이 선교적 열정에 관련하여 염려들이 있었다. 우선, 많
은 의대생과 의사들이 선교에 헌신하지만 매일의 삶에서 실제적으로 준
비하는 것은 거의 없었다. 둘째, 의료 선교사에 대한 부르심과 삶에 대한
이해가 전반적으로 부족하였다. 셋째, 의료 선교사들이 필요한 나라들에
서 구체적으로 어떤 의료적 필요가 있는지에 대해서 거의 이해하지 못하
고 있었다. 넷째, 현장에서 섬기고 있는 CMF 멤버들에게 주어지는 실
제적인 도움이 거의 없었다.

그래서 우리는 두 팀 동안 CMF 사역을 하는 동안, CMF 지도자들과
간사들과 함께 다음과 같은 목표를 세웠다.

1. CMF 멤버들이 말씀을 공부하여 영적으로 성장하고 삶으로 증거하도록 돕
   는다.

2. 그들이 선교에 대해서 더 이해하도록 돕는다.

3. 단기나 장기로 선교에 실제로 참여하도록 길을 만들어 준다.

4. 선교지에 있는 CMF 선교사들의 필요를 알고 보내는 자로서의 역할을 이해하
   도록 돕는다.

5. CMF 멤버의 동원과 섬김

처음에 우리는 한국어를 몰라서 영어 성경 공부밖에 하지 못하였다. 그
래도 많은 학생들과 졸업생들이 영어를 힘들어하면서도 많이 찾아왔다. 차
차로 우리는 한국어로 성경 공부를 하게 되었다. CMF 간사들과는 8년 동
안 계속해서 성경 공부를 하였다. 우리가 인도했던 그룹 중 가장 오래된 것
이었다. 하나님의 말씀을 깊이 있게 볼 수 있었던 소중한 시간들이었다. 우
리는 또 그 성경 공부가 의사라는 직업과 그리스도인으로서의 사역에 적용
될 수 있도록 애썼다. 우리의 주된 목적은 살아 있는 말씀과 위대한 의사이
셨던 우리 주님의 모범을 그들에게 보여 주려는 것이었다. 조이스와 딸들
은 연례 학생 수양회나 졸업생 캠프에 참석하곤 하였다. 우리는 그들 앞에
서 제자, 크리스천 가정, 섬기는 리더십의 삶을 보이며 살기를 원하였다.

그들이 선교에 열심을 내고 헌신하는 것을 보면 우리의 마음도 기
쁨으로 가득하였다. 이것은 우리 본국에서 볼 수 있는 것 이상이었다.
CMF 선교회 간사들과 선교부와 협력하여 우리는 점차 의료인들이 보내
는 자로서 뿐만 아니라 실제 선교사로 나갈 수 있도록 여러 가지 프로그
램을 도입하였다. 수련회에서 Mission Corner, 의료 선교 선택 프로그
램, 선교 Nurture 그룹, 그리고 보내는 자로 섬기는 코스 등의 프로그
램이 좋은 반응과 지지를 얻었다.

6. 일의 열매

"나는 심었고 아볼로는 물을 주었으되, 오직 하나님께서 자라게 하셨

나니, 그런즉 심는 이나 물 주는 이는 아무 것도 아니로되 오직 자라게 하시는 이는 하나님뿐이니라."(고전 3:6~7)

한국 지도자 아래에서 한국 CMF가 성장하는 것을 보았을 때 기뻤다.

2014년 현재 CMF는 40개의 의과대학, 9개의 치과대학, 11개의 한의대, 그리고 31개의 간호대에서 활동을 하고 있다. 약 2,800명 학생들이 CMF에 관련되어 있고, 3,000여 명의 졸업생들이 서울과 8군데의 지방 지회의 활동에 참여하고 있다. CMF는 훈련을 받고 있는 의대생이나 의료계에 종사하는 전문인들이 자신의 분야와 사회 봉사 면에서 빛이 되도록, 그리고 그들이 의료 선교의 면에서도 한 걸음 더 나아가도록 활발하게 사역하고 있다. 2014년 현재, CMF에서는 28개국에서 협력하여 섬기고 있는 선교사가 68명인데, 그들의 사역 기간은 대부분 5년에서 10년이다.

하나님께서는 그분의 예정 가운데 2002년 닥터 피터 패티슨을 국제 기독교 의과 치과 협회(ICMDA: International Christian Medical and Dental Association)의 정회원이 되게 하셔서 CMF의 비전을 확장하도록 도우셨다. 패티슨은 당시 ICMDA의 총무였다. 결과적으로, CMF 멤버들은 세계의 다른 기독교 의료 전문인들과 교류할 수 있는 기회를 갖게 되었다. 2000년 7월 싱가포르에서 열린 아시아 지역 회의, 2002년, 2006년에 타이완과 시드니에서 열린 ICMDA 세계 대회 등에 참석하였다. CMF 멤버들은 ICMDA의 국제 실행 이사회에 참여하여 섬기고 있다.

1997년 영락교회에서 열렸던 의료 선교 대회에서 한국에 MSI 전문인 사역을 소개하였다. 그것은 특권이었고, 그것으로 인해서 하나님을 찬양하고 싶다. 우리가 소개할 수 있던 정보가 우리의 한국어 때문에 매우 제한적이었음에도 불구하고, 하나님께서는 두 명의 CMF 멤버의 마음을 만지셔서 MSI PS(Professional Service) 멤버로 들어와 중국 내지에서 사역하게 하셨다. 그들은 앤드루 리(1998년)와 정성(2000년)이었다. 한 명은 이제껏 섬기다가 최근 다시 들어가지 못하게 되었지만, 다른 한 명은 아직도 가족과 함께 필드에 있다. 우리가 살던 집에서 MSI 기도 모임을 시작할 수 있어서 기뻤다. 그들의 사역을 지지하고 MSI 이사회가 2003년 중엽에 처음으로 시작된 것도 보람된 일이었다.

7. OMF 한국 필드 대표(FD: Field Director)

첫 안식년을 보내고 있었던 1998년 11월, 나에게 심장마비가 왔는데, 그것은 전혀 예상하지 못했던 일이었다. 결국 우리는 치료 때문에 호주에 더 있게 되었다. 마침내 1999년 3월에 이제는 건강이 회복되었으니 필드(선교지)로 돌아가도 좋다는 허락이 떨어졌다. 그때 우리에게 필드 대표가 되어 달라는 초청이 있었다. 우리 FD였던 로저와 제인 시니어가 그만두고 본국인 영국으로 돌아간다는 것이었다. 우리는 다른 멤버들 대부분보다 나이나 선교 경력에서 어렸기 때문에 그들의 뒤를 이어 대표가 된다는 것이 매우 적합하지 않게 생각되었다. 더구나 우리 주치의는 두 번째 텀에서는 사역의 짐을 가볍게 하라는 충고도 받고 있던 터였다. 그래서 두 번 사양하였다.

그런데 세 번째 요청을 받았을 때, 우리가 비록 과업을 성취하기에 우리가 부족하다고 해도 이 필요한 시기에 주님을 의지하면서 팀을 섬겨야 한다는 마음을 하나님께서 주셨다. 그래서 1999년 7월 이후에 몇 명 되지는 않았지만 OMF 한국 필드의 대표가 되었다. 당시, 1997년 한국에 새로 도입된 OMF의 국내 대표(ND: National Director) 시스템에 따라서, 나는 ND 아래에서 필드 사역팀의 대표(DFM: Director for Field Ministries)가 된 것이었다. DFM으로 섬겼던 그 4년을 돌이켜 보면 좋은 건강의 축복과 팀 선교사님들의 전폭적인 지원, 그리고 다양한 지도의 책임을 감당할 수 있도록 그분께서 힘을 주신 것이 얼마나 감사한지 모른다. 이것은 또한 우리가 선교 지도부에서 일할 수 있는 계기가 되었다.

8. 한국 OMF와 함께했던 사역

대표 회고록에서도 언급했듯이, 우리 필드 팀은 한국 대표 교체의 중간기에 2002년 새로운 대표가 완전히 한국 사무실에 오기까지 사무실에서 하는 오리엔테이션이나 훈련, 영어로 하는 소통 등의 여러 사역에 모두가 함께 협력하였다.

9. 조이스 – 사역의 동역자

하나님께서는 우리 부부 각자에게 삶과 사역에서 서로 도울 수 있도록 축복하셨다. 조이스가 주님을 사랑하고 선교의 소명에 기꺼이 순종하였기 때문에 우리는 오랫동안 함께 섬길 수 있었다. 아내는 회계사였고 교사였지만 그에 앞서서 아내요 어머니로서 하는 역할을 중요하게 생각하였다. 한국에 와서 처음에는 가족과 딸들을 섬기는 일에 대부분의 시간을 할애하였다.

하나님의 은혜로, 오랜 기다림 끝에 2년 안에 한국어 공부를 다 끝마칠 수 있었다. 그 후 곧 팀을 위한 재정을 맡게 되었고, 여성 성경 공부를 시작하였다. 그리고 믿지 않는 소녀들과도 성경 공부를 하였다. 또 자주 있는 손님 대접도 조이스의 몫이었다

두 번째 팀에, 조이스는 우리 필드 팀의 재정 담당으로 일하였다. 2000~2003년까지 새로운 재정 간사를 훈련하는 일을 비롯한 한국 사무실의 재정 일도 도왔다. 또 4년 동안, 한국 교회에서 고등부 성경 공부를 인도하였다. 선교에 관심이 있었던 자매들과 영어 성경 공부도 하였고, 남편이 믿지 않는 부인들의 성경 공부도 인도하였다.

10. 가족으로서 하나님을 섬김

하나님께서는 우리에게 필요한 것들을 공급해 주셨다. 우리가 OMF에 들어왔을 때, OMF 선교사들은 자녀들을 대부분 일본 나나에 있는 OMF 선교사 자녀 학교인 치푸 스쿨에 보냈다. 우리는 자녀들이 우리와 함께 필드에 있기를 원했기 때문에 한국에 있는 국제 학교에 보내는 테드는 두 명의 학비가 적은 금액이 아니었다. 서울 외국인 학교에서는 선교사 자녀에게 학비를 45% 감면해 주겠다고 제안하였다. 우리 하나님은 여호와 이레이셨고 에벤에셀의 하나님이셨다. 그분은 많은 후원자들의 헌신적인 지원을 통해서 우리에게 필요했던 모든 것을 채워 주셨다.

가족으로서 주님을 섬기는 일은 기쁨이었다. OMF는 남편과 아내가 같이 언어를 배우고 각자 할 수 있는 만큼 사역에 개입하도록 기회를 준다. 세미나를 해야 할 때면 우리는 함께 일하였다. 그러나 성경 공부 같은 것은 각자 인도하였다. 행정적인 면이나 목회적 돌봄이 필요했을 때 우리는 함께 하려고 하였다. 우리 한국 친구들에게 부부가 함께 섬기는 기쁨을 전하고 싶었다.

언제나 열려 있는 우리 가정은 한국 친구들에게 색다른 음식, 우리의 사는 태도 등을 통해서 타 문화를 체험할 수 있는 장소였다. 사람들은 캘빈이 부엌 일을 돕는 것을 보고 놀랐다고 말하였다. 해외에서 오는 손님들도 많았는데, 주로 선교사들이었기 때문에 우리 집에서 머물렀다. 그러면 우리 딸들은 자기들 방을 손님들께 내어 드렸다. 불편했겠지만 아이들은 그것이 자기들의 사역인 것을 배웠다.

11. 한국 사역의 회고
1) 영적 성장과 선교의 열정
소그룹에서 복음과 하나님의 말씀을 나누었을 때, 그 말씀이 예수님을 믿게 하고 삶을 변화시키는 것을 보는 것은 특권이었다.

2) 함께 섬김
가끔 선교 단체의 배경이 없는 독립 선교사들을 만나면 고독하며 돕는 손길이 없다는 호소를 들을 때가 많았다. 우리는 국제 기구에 속해 있었기 때문에 하나님께 감사한다. 성격, 은사, 문화가 다양함에도 불구하고 필드 선교사들은 팀으로 함께 섬기는 것을 배웠다. 두 번째 팀에서 우리는 한국 선교사들과 한국 OMF 사무실 간사들과 동역하여 일할 기회를 가질 수 있었다.

3) 우리의 삶은 우리의 사역보다 크게 말한다
이것은 우리가 처음 한국에 와서 한국어를 전혀 몰랐을 때 더욱 그러하였다. 그러나 선교사로서 살았던 전 기간 동안 이것이 사실임을 알게 되었다. 우리가 알지 못하는 사이에도 우리의 행동이 우리 이웃의 삶에 얼마나 크게 영향을 주는지 놀라울 정도이다. 우리는 늘 데살로니가 성도들을 너무도 사랑하여 하나님의 복음뿐 아니라 자신의 생명까지도 주기 원했던 바울 사도에게서 도전을 받았다(살전 2:8).

4) 결론

한국 생활 10년을 회고해 볼 때, 우리는 많이 배웠고, 외국에서 살고 사역했던 경험을 통하여 성장하였다. 전체적으로, 하나님과 우리가 섬겼던 사람들로부터 우리가 주었던 것보다 받은 것이 훨씬 더 많았다. 생각해보면, 우리가 선교의 부르심을 따르지 않고 본국에 남아 있었더라면 선교사에게 주어지는 풍성한 경험과 축복을 놓쳤을 것이다. 그분은 이러한 경험들로 우리를 키워 주셔서 호주에서와 현재 동북아시아에서 하는 사역을 할 수 있도록 해 주셨다.

우리는 '모든 것을 버리고 그분을 따르는 자들'에게 주시는 하나님의 약속을 정말로 경험하였다. "나와 복음을 위하여 집이나 형제나 자매나 어머니나 아버지나 자식이나 전토를 버린 자는 현세에 있어 … 백배나 받고, … 내세에 영생을 받지 못할 자가 없느니라."(막 10:29~30)

🖋 히데타카 & 마사요 이시다
(일본, Hidetaka & Maysayo Ishida, 1993~1999)
(Shiho , Arie)

마(Ma) 가족과 같은 시기인 1993년에 내한하여 한국어를 공부한 후 (히데타카 이시다 선교사의의 한국어 수준은 매우 높았다.) 양양에서 대학생 사역을 담당하였다. 후에는 부산. 경동 대학교의 IVF 사역. 같은 대학의 IVF, CCC, DFC 연합 모임을 섬겼다. 교회의 부목사 아내 이은연 씨가 마사요 이시다의 언어 도우미였고, 그들은 어린 자녀를 보낼 유치원을 찾고 있었다. 마사요, 시호와 히데타카는 모두 이 기간 중 수술을 한 경험이 있다. 부산에서 재한 일본인들과 성경 공부. 1999년, 교인들

및 청년들을 선교 비전 트립으로 일본에 안내하였고, 부산과 대구에서
열리던 OMF 토요 선교 학교를 섬겼다.

이시다 가족과 부모님

이시다 가족과 세실리

크리스티 밀리건
(미국, Christi Milligan, 1995~1999)

크리스티 밀리건

서울에서 2년간 한국어를 공부하였다. 수많은 새로운 한국어를 잘 익힐 수 있도록 기도로써 간구하며 '완전히 하려면 연습뿐'이라는 모토로 학습하였다. 그 후 부산으로 이사. 첫 안식년을 가서 돌아오지 않음. 곁에 있는 한 사람의 구원을 위한 기도. 클라스 하우징거와 필드 회계를 맡았으며, 여름에 불신학생들을 초청하여 전도하였다. 제2기 사역은 1998년 1월부터다. 또한 1997년 8월에 이미 코리아 컬스 편집에 참여하였다. 시골 목회에 대하여 매우 적극적으로 할 것을 주장했는데, 그 이유로 목회자가 영적으로 성장할 수 있는 좋은 기회가 되기 때문이라고 하였다.

한국의 어린이들은 그가 가르치는 영어 교습과 성경을 매우 좋아했다.

데이비드 & 루스 해리슨
(David & Ruth Harrison, 1997~2002)

– 선교사 훈련. 햇불 트리니티 신학교에서 선교학 가르침. 싱가포르, 미국을 다니며 선교학 교수 사역. 고신 대학교와 연계하여 선교학 박사 과정 만듦.

데이비드(맨 오른쪽), 루스(뒷줄 가운데 빨간 블라우스), 이사벨 시어슨(가운데 왼쪽에서 세 번째)

- 2001년도에는 태국에서 선교사들을 훈련, 2002년도에는 총신대
  학교 선교대학원에서 강의, 나아가 KWMA에서 선교 훈련 프로그
  램을 개발하는 데 협조.
- 총신대학교에서 리더십 개발, 선교학 강의.
- 2002년에 무학교회 영어성경반 인도.
- 한나 복음선 선교사 훈련.
- YWAM에서 한 주간 선교사 훈련.
- 1998년 GMTC 5일 일정의 영어 캠프에서 OMF에 지원하는 자
  들과 함께 오리엔테이션 수련회 개최.
- OMF 동아시아 캠프 섬김.

제이미 김(캐나다 교포)

- 세계 선교를 위한 협력의 장을 만들기 위한 GCOWE '97 섬김

(119개국가, 3,000명 가량의 대표 등록).
- 횃불 센터 중심으로 사역. 은혜 감리 교회, 숭실 대학 사역. 제3세계 궁휼 사역 및 장학 사업. GDEW(Grace Disciples Evangelizing the World)로부터 한국 선교사역 초청을 받음.

셜리 드머천트
(Canada, Shirley Demerchant)

- 1997년 비티 선교사의 뒤를 이어 부산 호산나교회 영어 예배를 인도.
- 경남 전문 대학에서 IVF 성경 공부 인도. 매주 토요 선교 훈련 학교를 운영.

이사벨 시어슨
(UK, Isabel Searson,)

- 필리핀 국제 학교 교사.
- 서울 외국인 학교에서 교수 사역.

마크 & 데비 웽거
(미국, Mark & Debbie Wenger, 1997. 6.~1999)
(Luthanne, Daniel, Abigail, Joanna)

- 1997년 GMTC(Global Missionary Training Center) 아파
  트로 이사하여 선교사 후보생에게 영어 교습.
- GMTC 선교관, 선교사 후보생 위한 영어 캠프 인도.
- 서울의 매연으로 온 식구가 호흡기(천식) 치료 위한 기도.
- 데비, 입덧과 시력 문제, 출산의 어려움 등을 겪음.
- 귀국한 후 사우스캐롤라이나의 컬럼비아에 정착하여 그때부터 컬
  럼비아 국제 대학교에서 가르치며 일함.

영국 한국 필드 선교사 모임

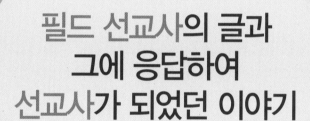

CHAPTER 7

필드 선교사의 글과
그에 응답하여
선교사가 되었던 이야기

MISSIONARIES
WHO LOVED KOREA

니콜라스 딘 / 류영기
《월간 고신》, 1982년 6월호 56~57쪽

1 | 왜 일본 선교를 외면합니까?
(니콜라스 딘이 1982년에 쓴 글)

OMF가 한국에서 일하는 목적 가운데 하나는 100년 이상 동안 과거 중국에서부터 현재 동남아시아 여러 곳에서 사역해 오면서 얻은 경험과 확신을 나눔으로써 한국 교회를 돕는 것이다. 우리가 나누는 것들 중 어떤 것이라도 한국의 선교사를 파송하는데 뒷받침이 되고, 동시에 과거 서구 선교사들이 범했던 잘못을 피할 수 있도록 한국 교회를 도울 수 있다면 주님 안에서 이보다 더한 기쁨을 없으리라고 생각한다. 그러나 이 글은 OMF 전체의 공적 입장이 아니라 나의 개인 소견을 피력하는 것임을 먼저 밝혀 둔다.

현재 한국 교회에는 선교에 대한 관심이 크게 일어나고 있는데, 이는 매우 기뻐할 일이다. 한국은 큰 잠재력을 가지고 있다. 선교사로 능력 있게 일할 수 있는 탁월한 젊은이들이 많고, 더 나아가서 이 영적인 전쟁을 후방에서 지원할 기도의 정예부대가 있으며, 또한 개 교회는 풍부한 재정적인 능력을 가지고 있다. 이런 거대한 잠재력을 가진 나라가 선교적인 관심의 동기와 방향을 어느 쪽으로 돌리느냐 하는 것은 대단히 중요한 문제이다.

한국 교회을 보면 중국과 북한에 큰 관심을 가지고 있는데, 이러한 관심은 극히 당연하고 자연적인 것이라고 생각된다. 그러나 자연적으로 쉽게 일어난 관심이라고 해서 그것이 언제나 참되고 영적인 관심이라고만 볼 수 없다(사 55:8~9). 많은 액수의 헌금이 이런 나라의 선교를 위하여 드려지고 있다. 그러나 이 나라들은 '닫힌 나라'이다. 그래서 매우 적은 돈만이 거기에 직접 쓰일 수 있을 뿐이다. 허드슨 테일러는 "사람이 있고 재정적인 후원이 없는 것은 큰 문제가 아니다. 그러나 돈은 있는데 사람이 없다면 그것은 매우 위험한 일이다."라는 말을 자주 했다. 이들 나라에 기울이는 비상한 관심 때문에 세계의 다른 많은 나라에 대한 관심이 소홀해질 경향이 있음을 주의해야 한다. 우리가 선교사를 보내거나 선교 사업을 후원하는 일을 시작하기 전에 그 나라와 그 나라의 필요에 대하여 깊이 연구해야 한다. 세계 선교 사역에 있어서 우리 한국 교회가 담당해야 할 영역이 무엇인가? 우리는 어떤 일을 도울 수 있는가? 하나님 앞에서 이것을 생각해야 한다.

현재 중국과 북한의 닫힌 문이 잠시라도 선교에 대한 우리의 관심을 주춤하게 해서는 안 된다. 계속해서 우리의 시야를 다른 나라에도 돌려야 한다. 이것이 사도행전 16장 6~10절에 기록된 바울의 태도이다. 성경은 우리의 선교에 대한 관심에 대하여 어떻게 지시하고 있는가? 계시록 7장 9절에 보면 모든 나라, 모든 족속과 모든 방언이 천국에 있을 것이라고 한다. 그러나 아직도 3,000개의 방언이 하나님의 말씀을 일부분만이라도 자신의 방언으로 갖게 되기를 기다리고 있는 실정이다.

오스왈드 스미스는 "다른 사람은 한 번도 듣지 못한 복음을 왜 어떤 사람은 두 번 이상씩 들어야 하는가?"라고 했다. 우리는 성경 번역 선교회(WBT)와 같은 번역 선교에 관심을 두어야 한다. 또한 이슬람 세계도 매우 중요한 선교지이다. 그곳은 전 세계 교회로부터 거의 무시되고 있는 지역이다. 한국은 아랍 세계의 중요한 무역 동반자로 성장하고 있고 복음 증거의 더할 나위 없이 좋은 기회를 부여받고 있다. 동남아시아에서 복음에 대하여 매우 반항적인 태국이 역시 같은 불교 배경을 가진 한국에게 그 열심과 지혜를 부르고 있다. 로마 천주교의 탈을 쓴 샤머니즘의 사슬에 묶여 있는 필리핀은 오늘날 아시아에서 가장 넓게 문을 열어 놓고 있다. 그러나 어쩌면 한국 교회에의 제일 큰 도전은 우리의 동쪽에 정복해야 할 여리고와 같은 일본이 놓여 있다는 점이다. 일본을 방문했던 테레사 수녀가 텔레비전 인터뷰에서 일본을 영적으로 세계에서 가장 가난한 나라라고 묘사했을 때, 일본인들은 큰 충격을 받았다.

하나님께서 언제쯤에나 한국 교회의 눈을 열어서 우리의 대문 밖에서 매일 누워 구걸하는 저 영적인 나사로를 보게 하실지! 어떤 이들은 일본은 한국인을 선교사로서는 절대로 받아들이지 않을 것이라고 말한다. 그러나 지난해 말 고신 목사 부부가 아이들과 함께 선교사 비자를 받았고, 문이 조금은 열렸다. 어쩌면 국제적이고 초교파적인 OMF 선교회의 파송을 받은 것이 일본 입국을 가능하게 했는지도 모르겠다. 어쨌든 오늘날은 모든 복음적인 교회와 교단이 주님의 몸 된 교회로서 민족적이고 교단적인 이해를 떠나서 국제적으로 함께 일해야 하는 시대가 아닌가? 나라나 교단의 긍지가 우리의 첫 이웃인 일본을 포함한 모든 나라에 복음을 전파하라고 하신 주님의 지상 명령이 있는데, 그가 우리 앞에 두신 열린 문을 가로막아서야 되겠는가?

성경 번역, 이슬람 세계의 복음화, 태국과 필리핀에서의 선교 사역에는 중국이나 북한 선교를 위한 모임만큼 많은 사람들이 몰려오고 있지는 않다. 그러나 하나님은 많은 사람들에게만 관심이 있는 것이 아니다. 이 지역에서의 사역은 선교 사역 가운데 아주 어려운 사역이다. 그중 일본을 아마 더 힘든 곳이다. 그러나 하나님이 우리를 부르시지 않는가?

오늘날 한국 교회의 부흥이 성령에 의한 참부흥이라면, 또한 한국 교회가 동양의 교회들 가운데서 가장 풍성한 영적인 자원을 가지고 있다면, 왜 선교 사역에 있어서 '가장 어려운 이 책임'을 감당하지 못하고 있는가? 우리는 인정에 이끌려 자연적으로 일어나는 감정이나 큰 모임에만 움직이지 말고, 주님의 참뜻을 찾아야 한다. 내가 어디에 필요한가? 우리 교단의 선교 지도자들 가운데 주가 국제적인 선교 기관과 같이 일하며, 누가 가장 어려운 지역으로 가는 것을 후원할 것인가? 누가 성경 번역 선교회와 같이 일할 것인가? 누가 일본을 위하여 기도하며, 누가 그 버려진 영혼을 위하여 생을 바칠 것인가? 누가 원수들에게 삶을 바쳤던 그리스도의 본을 따라 갈 것인가?(마 5:44)

이 마지막 날에 한국 교회가 많은 선교의 용사들을 파송하고, 뜨거운 기도의 후원을 보내기를 바란다.

다음은 1983년, 윗글을 읽고 일본 선교사로 헌신하게 된 류영기(윤혜자) 선교사의 간증이다.

2 | 서베를린에서 선교사로 지망하여 WEC에서 선교 훈련을 받게 되기까지

류영기 | 전 OMF 일본 선교사

1983년 11월 어느 날 밤, 독일에 올 때 몇 권 싸들고 온 《월간 고신》 잡지를 뒤적이고 있었다. 꽤나 그리워지는 한국 교회 소식들을 보고 있다가 어느 한 기사에 와서 내 눈이 정면으로 꽂히고 도무지 그곳에서 뗄 수 없는 지경으로 몰고 갔다. 단지 두 페이지에 불과한 OMF의 닉 딘 선교사의 글, '왜 일본 선교를 외면합니까?'는 나에게 질책을 쏟아부으며 나를 고민에 빠지게 하였다. 그날 밤을 큰 충격 속에 묻어 두고 잠들려고 했지만 도무지 잠을 이룰 수 없어서 당시의 심정을 적어 한국에 계시던 던 선교사에게 편지를 보냈다. 얼마 후 그로부터 전달된 작은 도전들을 한 단계 한 단계 밟으면서 소명을 확인해 갔다. 1984년 마침 그의 안식년 귀국으로 영국에 1년간 머무는 동안, 그의 계획 속에는 나의 소명 확인 문제가 첫 과제로 있었다. 마침내 그의 초청으로 1984년 OMF 부활절 수양회에 참석하여 '선교의 현장'이나 다를 바 없는 여러 가지를 내 눈으로 확인할 수 있었다. 이제 막 선교지로 나가는 후보 선교사들, 막 사역을 끝내고 잠시 귀국한 아시아 현지 선교사들, 20~30년간 여러 곳에서 흩어져 주의 신실한 종들로 청지기직을 감당했던 베테랑급의 은퇴 선교사들, 이제 막 부르심을 받고 그곳에 와서 소명을 확인하는 영국 내의 젊은 형제자매들, 그들의 2세들…. 가히 3세대가 어우러져 하나님의 주권이 미치고 있는 아시아를 위한 '하나님 나라' 건설에 줄을 잇고 서 있는 광경을 내게 퍽 충격적이었다. 이런 선교의 현장을 보지도 못했고, 듣지도 못한 오직 유일한 한국인을 위해서 그곳 참석자들은 모두 도움을 주려고 애를 쓰고 있었고, 그것은 매우 인상적인 모습이었다. 그때 밤마다 홀로 독방에서 어떻게 이런 일이 일어났고, 또 앞으로 어떻게 진행되어 갈 것인지를 두고 꽤나 고민했던 것 같다.

1984년 그 모임에서 만났던 스위스 출신 젊은 여의사 루시의 얘기는 내게 얼마나 감동적이었는지 모른다. 1년 전 제네바 의대를 졸업했을 때, 그는 자신의 전공을 의미 있게 사용할 수 있는 길에 대해서 여러 날을 고민했다. 마침 남부 독일의 작은 수련회에서 하나님의 부르심을 받고 태국 밀림의 작은 병원으로 OMF 팀에 가담하게 되었다. 그 간증은 얼마나 큰 기쁨과 평온 속에서 내게 전달되었는지 모른다. 그녀 자신의 가장 값진 것을 팔아서 진주를 손에 넣은 그 기쁨이 온통 몸에 배여 조용히 흘러내리고 있었다. 특별히 영국 각 지역에서 이 선교 단체를 돕기 위해 부활절 기간을 전 가족이 참석하고 있는 여러 교파, 기관의 후원자들의 모습은 나의 눈을 의심하게 할 만큼 헌신적이었다. 그것을 자신의 일로 여기면서 그 책임과 의무를 사랑의 수고 속에서 기쁘게 감당하고 있었다. 보냄을 받는 자와 보내는 자의 관계의 모델을 본 것이었다.

1985년 다시금 영국 OMF의 부활절 수양회에서 그들의 사고방식, 문제 해결을 해 나가는 자세, 특히 공동체에서 한 사람을 인정하고 그를 후원하는 관계 등을 깊이 이해하게 되었다. 그 해 6월 한국 OMF의 김인수 이사장의 독일 방문은 우리에게 결정적인 것이었다. 또한 같은 해 9월 아내가 대수술을 받으며 40일간 병원에 있으면서 우리는 함께 주의 부르심에 순종하게 되었는데, 참으로 그것은 그분의 간섭이었고, 그 쓴 나물을 씹는 듯했던 기억은 잊을 수 없는 일이었다. 아내를 나의 가장 신뢰할 동반자로, 또 선교의 동역자로 새롭게 세우는 그분의 계획 앞에 우리 모두는 그 어떤 아이디어가 없이 기다리고 있었다. 모든 일을 세밀하게 자기 방법대로 이루어 가던 그분께서 베를린 전셋집을 비우라고 11월 말 아침 묵상 시간에 명령하실 때 즉시로 순종하게 되었다. 그 해 12월 한 달을 간섭해 가시는 그분의 손길을 욥이 말한 것처럼 침 삼킬 틈도 주지 않는 것이었다. 참으로 부족했던 나를 절해의 고도 같던 서베를린에 4년간 가둬 두고, 그분의 도구로 재창조해 가셨던 그 얘기를 다 쓸 수는 없다. 그러나 무엇보다도 사람을 사랑하는 그분의 마음을 내가 따르기로 기도하고 순종했을 때, 내 주변의 모든 상황들이 어떤 모양으로든지 예비 되고있었다.

사람은 사람을 절대로 사랑할 수가 없는 것 같다. 하나님이 사람을 사랑하실 수 있는 것이지 사람은 그렇게 할 수 없는 존재이다. 그런데, 우리에게 나타난 십자가의 사랑으로 비로소 이웃을 사랑하게 된 것 같다. 거듭나지 않고서는 그 누구도 하나님의 일을 할 수도 없고 알 수도 없다. 자기 부정의 삶이 내가 가는 길의 가장 기본적인 훈련임을 잊지 않고 있다. 지금 우리는 영국 WEC에서 선교에 필요한 기본 훈련을 받고 있다. 기쁘게 드리면서도 그 어떤 반대 급부를 바라지 않는 헌신된 사람들의 복음 이해를 이곳에서 배운다. 내 나이에 그분이 왜 부르셨는지, 또 선교지에서 그 어떤 대가를 치르게 하실지를 나는 묻고 싶지 않다. 왜냐하면 그분이 나를 아시고 나도 그분을 알고 있기 때문이다.

장녀 결혼식에서(위), 경주 근처 시골에 언제나 준비된 쉼터를 마련했습니다.(아래)

CHAPTER 8

동료의 추억담

MISSIONARIES
WHO LOVED KOREA

더욱 많은 선교사님들의
추억을 싣지 못했음을 양해해 주시기 바랍니다.

1 | 누구든지 나를 위하여 제 목숨을 잃으면

이승장 | 전 런던 갈보리교회, 예수마을교회 담임, 전 대학생 복음화 협의회 총무, 현 약수동 교회 개척 중)

1978년, 배도선 선교사가 보살피던 국립 마산 결핵 병원을 찾아간 적이 있다. 아직 한국이 빈곤의 늪에서 나오지 못하던 때에, 가장 외진 곳에서 가장 소외된 아이들을 위해, 영국에서 귀족같이 지내던 그가 사랑이 가득한 얼굴로 돌보던 그 모습이 생생하다. 바닷가에 있는 그의 집에서 하룻밤을 머물며 사모님의 환대를 받는 특권도 누렸다. 이튿날, 헤어지면서 내가 농담을 던졌다. "아니, 선교사가 이렇게 아름다운 집에서 살아도 되는 거요?" 그의 답: "예수님이 그러셨어요. 누구든지 나를 위하여 제 목숨을 잃으면 찾으리라." 아이같이 맑은 특유의 웃음을 터뜨리며 내 말을 받아치던 위트!

그와 교제하며 들었던 몇 마디 잠언은 잊히지 않는다. "한국 목사들은 교인들을 예수 제자 삼지 않고 자기 제자로 키웁니다." "기독교 초기 북아프리카는 다 기독교 국가들이었어요. 그런데 성경에 뿌리박은 깊이 있는 신앙이 아니었기 때문에, 강한 외부 세력이 들어오니까 대부분 회교 국가로 넘어갔어요. 한국 교회도 성경 말씀에 깊이 뿌리박지 않으면 위험해요." 그러면서 〈성서유니온〉 사역의 중요성을 틈만 나면 강조했다. 그의 경고가 이토록 빨리 현실화되리라고는 나도 미처 깨닫지 못했다.

OMF를 처음 알게 된 것은 1967년, 내가 대학생 선교 단체 간사로 일을 시작하던 해, 레슬리 라이얼(L. T. Lyall)의 『Passion for the Impossible』─『불가능을 향한 열정』(2014, 로뎀북스)이란 책을 통해서였다. 당시 서울대 중심으로 학생 신앙 공동체를 개척하면서 늘 가슴에 새기던 '불가능을 향한 열정'이란 구호는 지금도 내가 사랑하는 말이다. 배도선 선교사와의 첫 만남은 그 해, 불광동 팀 수양관에서 가진 학생 집회에서였다. 그 후 평생 내 마음에 그리는 사역자의 모델이요, 신앙적 스승이요, 개인적인 은인으로 삼고 있다. 소식도 지금은 끊긴 상태지만….

기억나는 몇 가지 에피소드를 나눌까 한다. 1968년 가을부터 갓 결혼한 우리는 신촌에서 이대, 연대, 서강대 학생 중심의 신앙 공동체를 개척하고 있었다. 마침 한국어를 익히려고 서울에 올라왔던 배도선 선교사에게 대학생 전도를 위해 영어 성경 공부 인도를 부탁했다. 흔쾌히 승락한 그와 더불어 이대 정문에서 지금으로 말하면 '찌라시' 수준의 프로그램 브로셔를 들고서 아침에 등교하는 이대생들에게 나눠 주며 초청한 적이 있다. 아침마다 약 다섯 평 정도의 작은 회관에서 대개 40분 정도 요한복음을 인도했다. 처음에 20여 명 모이던 모임이 두 달쯤 모이다가 참석 수가 줄어들어 중단해야 했다. 얼마나 아쉬웠는지…. 그러나 이 작은 신앙공동체에서 오늘날 한국 교회를 섬기는 적지 않은 일꾼들이 배출된 것을 보면, 그가 바친 수고가 헛되지 않았다는 생각이 든다. 오랜 기간, OMF선교사들을 섬기고, 이사장으로, 로뎀북스 출판사 대표로 섬기는 홍응표, 최태희 부부도 이 공동체 출신들이라는 사실이 고맙고 자랑스럽다.

1976년 우리 부부가 섬기던 선교 단체 개혁 운동을 하다가 쫓겨나, '사망의 음침한 골짜기'를 거닐던 때, 배도선 선교사님이 우리를 위로해 주던 사랑을 잊을 수 없다. 특히 심장병을 앓던 딸이 죽자, 어떻게 소식을 들었는지 찾아와 우리 부부의 손을 두 손으로 꼭 쥐어 주며, 아무 말도 못 하고 함께 슬퍼해 주던 그 모습. 주위 사람들 가운데, 슬퍼하는 우리에게, "뭐, 부활이 있으니까…."라는 정답으로 아내가 상처받던 시기여서, "우는 자와 함께 우는" 그의 모습은 평생 가슴에 새겨졌다.

1979년 영국에 유학할 기회가 열렸을 때, 그는 자기 일처럼 기뻐하며 당시 런던 바이블 칼리지(현 London School of Theology)에 직접 추천서를 써 주었다. 2년간 OMF 장학금을 마련해서 도와주기도 했다. 장학금 조건 중에 "공부 마치면 조국으로 돌아가서 섬겨야 한다"는 항목이 있었다. 내가 두 번째 유학 가서 귀국 일자가 늦어지자, OMF와의 약속을 지키지 못했다는 자괴감이 들었다. 지금 이런 회고담을 쓸 수 있다는 게 얼마나 큰 기쁨인지 모른다.

영국에 머무는 동안은 당시 귀국해서 OMF 영국 대표로 섬기던 원의수 선교사와의 교제를 잊을 수 없다. 내가 영국 사람 집에 가서 설거지를 첫 번째로 한 곳이 바로 세븐오크에 있던 그의 집이었다. 영어도 서툰 나를 영국 중부의 시골 교회 OMF 후원의 날에 데리고 가서 하룻 밤을 머물며 한국 교회를 소개하는 기회를 주기도 했다. 그 교회에 가서야, 미국이나 영국 사람들은 부자들이니까 후원도 쉽게 하리라는 나의 고정 관념이 부서졌다. 그들이 정말 아끼고 또 아끼며 해외 선교사들을 후원하고 있다는 걸 눈으로 보고 알게 되었다.

한 선교 모임에서, 외국 선교학 박사 학위를 받고 오신 어느 한국인 목사님이 '한국 교회의 성장과 고난'이라는 주제로 좋은 강의를 했다. 그런데 마치고 돌아가는 차가 고급 외제차였다. 고난의 강의가 무색해지는 순간이었다. 그런데 당시 신촌 우리 집에 가끔 찾아온 OMF 선교사들은 하나같이 살이 비칠 것 같은 낡은 양말을 신고 오는 등, 꾀죄죄한 고난의 종 모습이었다.

2 | '섬김의 종'

양용의 | 에스라 성경대학원 대학교

제가 오(Orr) 선교사님을 처음 만난 것은 강원도 지역 전도 사역을 위해 강릉으로 내려갔을 때였습니다. 제가 영국 런던 바이블 칼리지에서 신학 공부를 마치고 돌아왔을 때, 저의 오랜 친구였던 파이(Pye) 선교사님으로부터 강릉에 내려가면 오 선교사님 부부를 만나 교제하면 좋겠다는 제안을 받았습니다. 저는 강릉에 내려가자마자 두 분을 만났고, 그 후 강릉에서 사역했던 십수 년 대부분을 두 분과 교제하고 동역하는 특권을 누렸습니다.

제가 그동안 교제해 왔던 대부분의 OMF 선교사님들과 달리 오 선교사님 부부는 미국인이라는 사실이 저희 부부에게 다소 낯설었지만, 국적은 그리스도 안에서 교제하는 데 큰 장애가 되지 못했습니다. 그때 당시 오 선교사님 부부는 IVF 학생 선교 사역에 집중하고 계셨는데, 제가 강원도 무교회 지역 전도 사역과 교회 개척 사역을 위해 내려왔다는 사실을 듣고서는 두 분 모두 저희 부부 사역을 협력해 주시겠다고 선뜻 제안하셨습니다. 그래서 저는 자연스레 오 선교사님을 도와 IVF 학생들을 위해 성경 공부를 인도하는 일을 협력하기로 했습니다. 이렇게 시작된 저희 두 부부의 협력은 어느 일이 누구의 일인지 모를 정도로 긴밀하게 이루어졌고, 그러다 보니 IVF 학생들도 자연스럽게 저희 농촌 전도 사역에 다양한 모습으로 동참해 주었습니다.

오 선교사님 부부와의 만남들과 협력 사역들을 일일이 열거하려면 책 한 권을 써도 모자랄 것입니다. 사실 오 선교사님 부부는 제가 했던 대부

무교회 지역 방문

인형극과 찬양

한국을 사랑한 선교사들

굳은 일은 도맡아서

분의 전도 사역을 협력해 주셨습니다. 무교회 지역 답사, 이동도서관 전도 사역, 의료 봉사 전도 사역, 어린이 전도 캠프, 교회 개척 사역, 농촌 목회 연구원 등. 이런 모든 협력 사역을 통해 저에게 비친 오선교사님 부부의 모습은 언제나 낮은 곳에서 섬기는 종의 모습입니다. 두 분은 섬기기 위해 이 땅에 오신 그리스도의 모습(막 10:45)을 두 분의 삶과 사역의 모든 자리에서 진실하게 실천하신 귀한 모본들이십니다.

　이와 관련해서는 여러 가지 일들이 생각나지만, 두어 가지 소개하고자 합니다. 오건희 선교사님은 저희 이동도서관 사역의 신실한 동역자였습니다. 저희는 매주 토요일 하루 종일과 주일 오후에 다섯 마을들을 방문하여, 그곳 아이들에게 책을 빌려준 후 그룹별로 전도 성경 공부를 진행했습니다. 그런데 그 성경 공부를 진행하던 선교사님의 모습은 참으로 진지하고 열심이었습니다. 둘러앉은 아이들 앞에 무릎을 꿇고 구부려 그들 수준에서 이야기하려고 애쓰시는 모습은 그야말로 낮아진 주님의 모습과 다름이 없었습니다. 어린아이 하나를 영접하면 곧 나를 영접하는 것이라고 하신 주님의 가르침(마 18:5)을 충실히 순종하는 참된 제자의 모습이었습니다. 오건희 선교사님은 이 일을 무려 3년 넘게(안식년 기간을 제외하고) 한 주도 빠짐없이 성실해 수행해 주셨던 것입니다.

오례문 선교사님의 섬김은 농촌목회연구원 농촌 목회자 가족 모두에게 너무도 잘 알려져 있습니다. 그분은 무슨 일을 하더라도 가장 힘들고 거추장스런 일을 가장 열심히 하는 것으로 유명합니다. 농촌목회연구원 교회들은 기존 농촌 건물을 개조해서 예배당으로 사용하는 경우들이 많았습니다. 그러기 위해 저희 목회자들이 힘을 모아 낡은 집을 이곳저곳 허물고 넓히고 하며 거의 집을 짓다시피 하는데, 그러다 보면 대개 한 달 남짓 막노동을 하게 됩니다. 오례문 선교사님은 자신의 다른 사역을 다 하시면서도, 시간이 나는 대로 완전한 노동복 차림으로 나타나 막노동에 동참하여 동료 목회자들의 열심을 뛰어넘곤 하였습니다. 한번은 무더운 여름철에 두세 주 예배당 개조작업을 하다가 탈진하여, 몇 주 동안 어려움을 겪었던 적도 있었습니다.

오 선교사님 부부는 크고 높고 유명하고 알아주는 자리에서는 별로 찾아보기 어려웠습니다. 제가 만났던 두 분은 거의 언제나 작고 낮고 무명하고 알아주지 않는 작은 마을, 작은 교회, 작은 모임, 그리 뛰어나지 못한 아이들이 있는 곳에서 자신들의 일을 찾았습니다. 그곳들에서 그분들은 때로는 성경 공부 인도로, 때로는 설교로, 때로는 찬양 인도로, 때로는 빵 굽는 일로, 때로는 막노동으로, 주변의 모든 이들에게 깊은 도전과 인상을 심어 주었습니다. 저희도 역시 두 분의 섬기는 모습을 통해 늘 도전을 받았고, 지금도 마음속으로 여전히 도전받고 있습니다. 두 분의 섬김을 통해 하나님 나라의 아름다운 결실들이 비록 우리가 보지 못하더라도 은밀히 그러나 풍성하게 맺혀 가고 있음을 확신합니다.

3 | 제레미와 앤 비숍 선교사님을 생각하면서

공 베드로 | OMF 캄보디아 선교사

1984년 가을에, 두 분 선교사님께서는 한국어 공부를 서울에서 마치시고 전라도 광주로 오시게 되었다. 그때 당시, 그분들은 아마도 30대 초반이셨던 것 같다. 그분들 사이에 너무 사랑스러운, 어린 두 딸, 유승허 하나가 있었다.

제레민(한국 이름) 선교사님은 광주 동명교회 대학부를 중심으로 사역하셨는데, 지역교회를 돕는 사역을 하셨고, 대학생 중심의 사역을 하시면서, 캠퍼스를 다니시면서, 묵상 모임에 참여하시고, CMF 사역도 도우셨다. 그때 다니셨던 캠퍼스는 광주 교대, 조선대, 전남대였으며, 나중에는 호남대도 개척하고 싶어 하셨다.

특히, 매일 묵상을 할 수 있도록, '묵상이란 무엇인가?'라는 강좌를 동명 교회 수련회 때 가르쳐 주셨다. 큐티라는 말을 그때 참 많이 들었다.

제레미 선교사님께서는 정기적으로 광주 동명교회 대학부에서, 한국어로 설교를 하셨다. 동명교회 대학부가 그때 당시 약 300명 정도 모였는데, 유창하게 또박또박 설교하시던 모습이 선하다.

그리고 교회 내에 선교 기도 모임을 더 활성화하였다. 그리고 동명교회 신입반을 도우셨는데, 그때 작은 책자도 발간하였다. 비숍 선교사님 부부가 꿈꾸며, 도전 주었던 기도 제목은 동명교회에 헌신된 500명의 보내는 선교사가 50명의 선교사를 파송하자는 것이었다. 그때, 동명 교회는 이미 김신호 선교사님 가족을 교회 1호로 일본으로 파송하였고, 그 후에 지속적으로 선교사를 파송하고 있다. 제레미 선교사님의 꿈이 이루어지고 있다.

매주 오퍼레이션 월드에서 나온, 영어로 된 선교 관련 중보 책을 한 나라씩 번역해 오게 하여서, 각 나라를 위해 기도했다. 그때 구소련과 중국을 위해 많이 기도 했었다.

그리고 매달 한 번씩은 광주 지역 전체 모임으로, OMF 선교사님들을 위해 기도 모임을 가졌다. 그 기도 모임은 광주 어린이 전도협회 장소에서 가졌다.

매주 화요일 밤에는 선교사님 집에서 모임을 가졌는데, 이 모임은 화요 영어 성경 공부 모임이었다. 앤 사모님은 맛있는 쿠키를 집에서 손수 구워서 우리를 섬겨 주셨다. 10명 이상의 선교 관심자들이 꾸준히 이 모임에 참여하였고, 성경을 영어로 공부하면서 다른 각도에서 볼 수 있는 시간이 되었고, 두 분 선교사님의 섬김과 인도로 영과 육이 힘을 얻고, 새로워지는 시간이었다. 영어 성경 한 구절씩의 암송은 필수였는데, 돌아가면서 외워야 했고, 틀려도 폭소를 지으며 웃고 격려하는 기쁨의 자리였다.

선교사님들 아이 중에 큰 따님은 아주 어린 나이에 일본에 있는 MK 학교에 가게 되었다. 작은 따님, 한나는 아직 어려서 선교사님들과 함께 있었지만, 큰 따님 루스는 부모를 떠나 일본에 가야 했다. 두 따님들이 금발머리에 아주 예쁜 모습들이어서, 자주 인형 같다는 말을 들었다. 그때마다 두 따님들이 했던 말은 "나, 인형 아닌데."였다.

제레미 선교사님 가정을 통하여, 동명교회 출신의 형제, 자매들이 선교사가 된 분들이 많다. 중국과 예멘 그리고 캄보디아 등 여러 명의 선교 헌신자들이 나왔다.

임익선 선교사님 가족도 그때 당시 광주에 계셨는데, 좋은 본을 많이 보여 주셨다.

제레미 선교사님은 안식년으로 영국에 가시게 되었고, 다시 오셔서 몇 년을 성실히 섬기시다가, 영국으로 다시 가시게 되었다. 우리 가족이 1996년에 영국에 잠시 머물 때에 맨체스터 근처에 있는 메클레스필드라는 곳에서 교회 개척을 하시는 선교사님 가족을 뵐 수 있었다. 아마 6년 만에 만나는 자리였는데, 제레미 선교사님 댁에 갔을 때, 온통 한국식으로 장식을 해 놓아서, 한국에 온 것 같은 인상을 받았다. 두 따님도 많이 자랐고, 앤 사모님이 적극적으로 교회 사역을 하시는 것을 보았다. 초등학교를 빌려서 일요일 날 교회 모임 장소로 쓰시고 계셨다. 많은 성도들이 모이고 있었다. 그 후로도 다른 지역으로 옮기면서 계속 교회 개척 사역을 하신다고 들었다. 지금도 연락을 주고받고 있다.

4 | OMF 선교사님들과의 추억

김문훈 | 포도원교회 담임목사

선교에 대해 문외한이었던 나는 OMF 선교사들을 만나면서 생각에 지각변동이 왔다. OMF 선교사님들의 철저한 믿음 선교, 말씀 중심 사역, 은사 중심 사역은 큰 감동과 선교의 좋은 롤모델이 되었다.

모신희 선교사님은 초량 덕림 아파트에서 작은 사랑방 같은 모임을 가지며 그 소그룹에서 매일 성경을 가지고 성경 묵상을 하였다. 그 언젠

김문훈 목사와 OMF 선교사들

가 송년모임으로 기억이 되는데, 모신희 선교사님과 성경 공부를 했던 부산지역의 사람들이 모였다. 그날 나는 깜짝 놀랐다. 모신희 선교사님이 작은 아파트에서 소그룹 성경 공부 모임을 가졌던 것이 얼마나 영향력이 퍼졌던지 대학교 총장, 병원장, 교수, 목사, 사모…. 부산 지역의 영적인 알곡들이 가득 모였다. 한 선교사님의 헌신과 성경 공부 인도가 부산지역의 잠자는 영혼들을 깨우고 영적인 거장들을 만들어 내었다. 그분들이 흩어져서 학교에서, 병원에서 다양한 일터에서 건강하고 성경적인 영향력을 미치는 것을 보고 그분이 뿌린 씨앗이 그렇게 열매 맺는 것이기에 그날 큰 감동이 되었다.

모신희 선교사님이 성경 묵상을 가르친 덕분에 아내와 나는 매일 성경을 가지고 묵상을 하다가 결혼까지 하게 되었다. 우리 포도원교회는 전 교인이 매일 성경을 가지고 새벽기도를 하고 가정예배를 드리고 구역모임 소그룹 활동을 한다.

나는 고신 의과대학과 간호대학에서 캠퍼스 사역을 하면서 OMF 선교사님들과 동역의 기쁨을 누렸다. 모신희 선교사님이 학교와 병원의 총장, 병원장, 교수, 의사, 간호사들을 말씀으로 길러냈다면, 마이클 드빌리는 OMF 선교사님들의 검소한 생활을 보여 주었다. 마이클 드빌리와 스트로마 비티는 의사로서 전문인 선교의 모범을 보여 주었다. 스트로마 비티가 고백하기를, 성실하신 하나님을 따라오다 보니 한국의 부산까지 왔다고 하였다. 신실하신 하나님께서는 모신희 선교사님이나 어떻게 보면 연약한 벽안의 여인들을 통하여 부산 땅에 말씀 운동을 일으키고 선교의 불씨를 일으켰다. 그때에 우물 안의 개구리가 아니라 우물 밖의 개구리가 되어야 한다고 하였다.

나는 OMF 선교사님들을 만나면서 호들갑스러운 선교와 거품이 많은 선교의 위험성을 깨달았다. 철저히 믿음으로 하는 선교와 신실하신 하나님에게 순종하는 모습, 생활 전반에 배어 있는 성경적이고 신령한 삶의 모습들은 내 삶의 스타일에 큰 도전이 되었다. 선교는 특별한 분이 하는 걸로 생각했는데 신실하신 하나님의 인도하심을 받는 사람은 누구나 어디나 언제든지 가든지 보내든지 배우든지 해야 된다는 것을 깨달았다.

모신희 선교사님의 조용하고 차분하고 겸손하고 신실한 사역은 많은 사람들의 가슴속에 진한 여운을 남기고 선교에 대한 아름다운 모델로 남아 있는 사람들에게 각인되었다. 그분의 작은 손길과 숨결이 부산·경남 지방에 나비효과와 같이 영적인 쓰나미를 몰고 오고 선교의 폭풍을 일으켰다.

추억할 때마다 하나님의 신실하심을 찬양할 수밖에 없다. 고맙습니다! 감사합니다! 사랑합니다!

OMF 한국 필드 선교사 목록

이 름	입국	출국	
Peter and Audrey Pattisson	1969	1982	
Margaret Robertson	1969	1973(사임)	
John and Kathleen Wallis	1969	1974	
Cecily Moar	1974	1999	
John and Christine Lewis	1974	1978	
Daphne Roberts	1975	1979	
Nic and Kathryn Deane	1974	1989	
Terry and Gay Pye	1977	1990	
Jeremy and Anne Bishop	1982	1989	
Willie and Katie Black	1982	1996	
Roger and Jane Senior	1983	1999	
Ridge and Connie Orr	1983	2003	
Klaas and Evelien Huizinga	1983	1998	
Isabella Purdy	1984	2004	away from 1992-1997
Carol Findlay	1984	2004	
Yvonne Paap	1987	1991	
Michel DeBilly	1987	1991	
Dan and Debbie Holmberg	1980년대 후반	2년간	Associate
Bong and Alma Ro	1990	1999	
Warren and Stroma Beattie	1991	1997	
Calvin and Joyce Ma	1993	2003	
Hidetaka and Masayo Ishida	1993	1999	
Christi Milligan	1995	1999	
David and Ruth Harrison	1997	2002	Associate
Shirley DeMerchant	1997		Partner, 후에 Associate
Mark and Debbie Wenger	1997	1999	Associate

Compiled 2014 10 30 by coc

omf

1865년 허드슨 테일러가 창설한 중국 내지 선교회(CIM : China Inland Mission)는 1951년 중국 공산화로 인해 철수하면서 동아시아로 선교를 확장하고 1964년 명칭을 OMF International로 바꿨다. OMF는 초교파 국제 선교 단체로 불교, 이슬람, 애니미즘, 샤머니즘 등이 가득한 동아시아에서 각 지역 교회, 복음적인 기독 단체와 연합하여 모든 문화와 종족을 대상으로 예수 그리스도가 구세주이심을 선포하고 있다. 세계 30개국에서 파송된 1,300여명의 OMF 선교사들이 동아시아 18개국의 신속한 복음화를 위해 사역 중이다.

OMF 사명
동아시아의 신속한 복음화를 통해 하나님을 영화롭게 하는 것이다.

OMF 목표
하나님의 은혜를 통하여 동아시아의 모든 종족 가운데 성경적 토착교회를 설립하고, 자기종족을 전도하며 타종족의 복음화를 위해 파송되는 것을 목표로 한다.

OMF 사역 중점
우리는 미전도 종족을 찾아간다.
우리는 소외된 사람들에게 관심을 갖는다.
우리는 복음을 전하는 일에 주력한다.
우리는 현지 지역교회와 더불어 일한다.
우리는 국제적인 팀을 이루어 사역한다.

OMF International - Korea
한국본부 (137-828) 서울시 서초구 방배본동 763-32 호언빌딩 2층
전화 02-455-0261, 0271 **팩스** 02-455-0278 **홈페이지** www.omf.or.kr **이메일** omfkr@omfmail.com